**GOLDMANN
RATGEBER**

D1705580

Buch

Nach dem Grundgesetz und dem Betriebsverfassungsgesetz sind Männer und Frauen zwar gleichberechtigt (z. B. Lohngleichheit, gleiche Aufstiegschancen), doch werden Frauen im Berufsleben nach wie vor gegenüber Männern in vielerlei Hinsicht benachteiligt. Dieser Frauenratgeber zeigt deshalb Wege auf, mit welchen juristischen Mitteln Frauen eine wirkliche Gleichberechtigung am Arbeitsplatz durchsetzen können.
Daneben klärt dieser Ratgeber zur Selbsthilfe auch über juristische Grundlagen und besondere Rechte auf (z. B. Mutterschutz, Babypause, Sonderurlaub, berufliche Fortbildung, Teilzeitarbeit), so daß Arbeitnehmerinnen selbstbewußter für ihre Interessen eintreten können und beispielsweise über den Weg von Betriebsvereinbarungen bessere Voraussetzungen für die tatsächliche Gleichberechtigung der Frauen am Arbeitsplatz schaffen.

Autorin

Verena S. Rottmann ist als Rechtsanwältin und Buchautorin
in Hamburg tätig.

Im Goldmann Verlag liegen von Verena S. Rottmann bereits vor:

Scheidungsopfer: Mann (zusammen mit Holger Strohm) 13659
Adoption 13699
Erste Hilfe bei Behördenwillkür 13728

VERENA S. ROTTMANN

FRAUEN UND ARBEITSRECHT

**Bescheid wissen · Rechte durchsetzen
Chancen nutzen**

GOLDMANN VERLAG

Der Goldmann Verlag
ist ein Unternehmen der Verlagsgruppe Bertelsmann

Originalausgabe August 1994
© 1994 by Wilhelm Goldmann Verlag, München
Umschlaggestaltung: Design Team München
Belichtung: Compusatz, München
Druck: Elsnerdruck, Berlin
Verlagsnummer: 13755
Lektorat: Silvia Kuttny
Redaktion: Christa Marsen
Herstellung: Sebastian Strohmaier
Made in Germany
ISBN 3-442-13755-1

10 9 8 7 6 5 4 3 2 1

Inhaltsverzeichnis

1. Einleitung:
Auf die Dauer
hilft nur Frauen-Power!

Trotz Diskriminierungsverbot (§§ 611a, 611b, 612 Abs. 3 BGB) und Gleichstellungsgesetzen für den öffentlichen Dienst (auf Landesebene) sind Frauen im Arbeitsleben nach wie vor erheblich benachteiligt. Dies beginnt schon bei einer für Mädchen häufig weniger qualifizierten Ausbildung und spiegelt sich später in schlechteren Arbeitsplätzen (oftmals monotonste Fließbandarbeit), in geringerer Bezahlung (auch bei gleicher Arbeit bis zu 40 Prozent weniger Lohn) sowie in schlechten Aufstiegsmöglichkeiten wider. So werden lediglich 5,9 Prozent der Führungspositionen von Frauen eingenommen.

Ein Großteil der Frauen, nämlich ca. 33 Prozent, hat nur eine Teilzeitarbeitsstelle. Viele Arbeitgeber stellen Frauen auch ausschließlich als sog. »freie Mitarbeiterinnen« ein, wobei sie ohne eine soziale Sicherung arbeiten und ihr Einkommen auch noch selbst versteuern müssen.

Je nach Wirtschaftskonjunktur wird das Arbeitskräftepotential der Frauen aktiviert oder eben drastisch verringert. Bei der derzeit angespannten Situation in der Wirtschaft beträgt die Arbeitslosigkeit der Frauen in Westdeutschland 8,4 Prozent, in Ostdeutschland sogar 21 Prozent (Stand: 1993). Viele Frauen haben daher oftmals nur die Möglichkeit, sog. geringfügige Beschäftigungen bis zu einem Monatslohn von 560 DM (in Ostdeutschland: 440 DM) anzunehmen. Meist handelt es sich hierbei um Putzstellen oder Schreibarbeiten. Solche Tätigkeiten werden fast überhaupt nicht von Männern ausgeübt.

Da Frauen durch Hausarbeit und Kindererziehung, die in der

Regel immer noch auf ihnen allein lastet (besonders benachteiligt sind Alleinerziehende), stark beansprucht sind und es nach wie vor an ausreichenden Kinderbetreuungsmöglichkeiten fehlt, geben sie sich eher mit ungünstigen Arbeitsbedingungen zufrieden und leisten dagegen nur selten Widerstand. Darüber hinaus sind Frauen weniger gewerkschaftlich organisiert oder in Betriebs- bzw. Personalräten vertreten, so daß auch dort ihre Rechte nicht energisch genug vertreten werden. In der Wirtschaft werden Frauen deshalb weiterhin als billige »Reservearmee« angesehen, die zeitweise für den Arbeitsmarkt sowie für überwiegend untergeordnete Tätigkeiten verfügbar gehalten wird.

Dieser enormen gesellschaftspolitischen Benachteiligung von Frauen im Erwerbsleben kann mit juristischen Mitteln derzeit nur unzureichend begegnet werden. Der Grund dafür liegt vor allem darin, daß in der Bundesrepublik Arbeitnehmer- und Arbeitgeberrechte und -pflichten nicht in einem einzigen Gesetzbuch niedergelegt sind. Statt dessen gelten im Arbeitsrecht eine Vielzahl von Einzelgesetzen, Tarifverträge sowie die Rechtsprechung der Arbeitsgerichte. Außerdem kann sogar das Recht der Europäischen Union (EU) Anwendung finden, das stets über deutschem Recht steht. Diese – zumindest teilweise – Rechtsunsicherheit im Bereich des Arbeitsrechts kann allerdings – richtig genutzt – gerade auch für Frauen zu positiven Ergebnissen und rechtlichen Fortschritten führen. In Musterprozessen gelingt es Frauen immer wieder, Gleichberechtigung durchzusetzen. Hier kann das EU-Recht nützlich sein, weil vor allem die Richter des Europäischen Gerichtshofs den Gleichbehandlungsgrundsatz beherzigen und frauenfreundliche Urteile fällen. Leider ziehen Frauen aber sehr viel weniger vor das Arbeitsgericht als Männer. Dabei sind Frauen, wenn sie vor Gericht ziehen, statistisch gesehen erfolgreicher als Männer.

Dieser Ratgeber soll zum einen über die juristischen Möglichkeiten aufklären, die Sie als Frau im Arbeitsleben nutzen können, um Ihre Rechte oder auch Verbesserungen der Arbeitsbedingungen durchzusetzen. Zum anderen soll Ihnen dieses Buch Mut machen, für eine tatsächliche Gleichberechtigung am Arbeitsplatz zu kämpfen, sei es nun in der Gruppe oder auch allein. Frauen-Power ist angesagt! Denn wenn nicht die Frauen selbst für ihre Rechte kämpfen, wer sonst? Hierfür werden Tips und Denkanstöße gegeben, wie Graueninteressen in Betrieben besser vertreten werden können.

Darüber hinaus enthält dieses Buch alle wichtigen Informationen über die richtige Berufswahl, den Start ins Arbeitsleben, Erfolgsstrategien, den Sprung in die Selbständigkeit und vieles mehr.

Also trauen Sie sich, denn jede Frau kann eine Power-Frau werden!

2. Was will ich und was kann ich?

Arbeit sollte nicht nur Broterwerb sein, sondern auch Freude bereiten und Anerkennung bringen. Deshalb sollten Sie bei der Wahl Ihres Berufes nicht nur auf das Geld schauen, das Ihnen geboten wird. Entspricht eine Arbeit nämlich nicht Ihren tatsächlichen Neigungen und Fähigkeiten, werden Sie auf die Dauer unzufrieden werden, und nicht selten reagieren dann Körper und Seele mit Krankheit.

Nicht nur nach Beendigung der Schulzeit sollte eine sorgfältige Berufswahl getroffen werden. Auch nach bestimmten Lebensabschnitten, die immer individuelle Veränderungen und Erfahrungen mit sich bringen, sollten Sie sich innerlich fragen, ob Ihre bisherige Tätigkeit Sie noch erfüllt und Ihren Ansprüchen gerecht wird.

Solche Abschnitte können z. B. die Beendigung einer Ausbildung, ein Auslandsaufenthalt, eine Heirat, ein Kind, eine Scheidung oder ganz einfach die Einsicht sein, daß Sie etwa nach zehn Jahren Tätigkeit in einem bestimmten Beruf etwas anderes machen möchten, was Sie nun mehr interessiert.

Wichtige Voraussetzung für die Wahl des richtigen Berufes ist die Erkenntnis: »Was will ich und was kann ich?« Wenn Sie hierauf nach realistischer Selbstbetrachtung eine ehrliche Antwort gefunden haben, wird es Ihnen in der Regel nicht schwerfallen, die richtige Berufswahl zu treffen.

Am besten führen Sie sich einmal schriftlich vor Augen, wo Sie derzeit stehen und was Sie künftig erreichen möchten.

Hierfür sollten Sie folgende Rubriken einander gegenüberstellen:

1. Ihre fachlichen Fähigkeiten,
2. die Voraussetzungen für den angestrebten Beruf,
3. Ihre Möglichkeiten, Ihr Ziel zu erreichen.

Unter fachlichen Fähigkeiten versteht man u. a. die Schulausbildung, eine Lehre oder ein Studium, aber auch zusätzliche besondere Fähigkeiten wie etwa Sprach- oder EDV-Kenntnisse oder auch Auslandserfahrungen.

Natürlich sollten Sie sich über Ihren Traumberuf eingehend informieren. Dies können Sie z. B. über die Berufsberatungen der Arbeitsämter oder durch entsprechende Fachliteratur tun. Besonders gut ist es natürlich, wenn Sie sich mit Frauen unterhalten, die in diesem Beruf tätig sind und Ihnen alle Vor- und Nachteile schildern können.

Wichtig ist, daß Sie selbst Ihre fachlichen Kompetenzen und Leistungen möglichst realistisch prüfen und werten. Der angestrebte Traumberuf muß für *Sie* im Bereich des Möglichen liegen. So werden Sie es z. B. mit einem Hauptschulabschluß – auch bei größter Anstrengung – kaum jemals zu einem Professorentitel bringen. Nur wenn Sie sich ein wirklich realistisches Ziel stecken, laufen Sie nicht Gefahr, enttäuscht zu werden und sinnlos Ihre Kraft zu vergeuden.

Informieren Sie sich deshalb besonders gründlich über Ihre eigenen Möglichkeiten, den angestrebten Beruf ausüben zu können. Erkundigen Sie sich, welche Ausbildungsgänge (Lehre, Studium usw.) und besonderen Fähigkeiten bzw. Kenntnisse für diesen Beruf erforderlich sind. Prüfen Sie, ob es für Sie gegebenenfalls entsprechende Weiterbildungsmöglichkeiten gibt (z. B. Abendschule, Studium oder Fernstudium).

Wenn Sie auf diese Weise herausgefunden haben, was für Sie

erstrebenswert und gleichzeitig machbar ist, haben Sie bereits einen wichtigen Schritt in Richtung Traumjob gemacht.

Ob Sie in Ihrem Beruf erfolgreich sind, hängt von verschiedenen Faktoren ab. Einige davon sind leider kaum zu beeinflussen. So nützen in der Regel auch beste Qualifikationen nichts, wenn Ihr Chef eine menschliche Antipathie gegen Sie hegt. Was Sie aber selbst tun können, um in Ihrem Beruf Erfolg zu haben, erfahren Sie im nächsten Kapitel.

3. Wie habe ich Erfolg im Beruf?

Leider neigen die meisten Frauen dazu, ihr Licht unter den Scheffel zu stellen. Trotz qualifizierter Ausbildung und überdurchschnittlicher Leistungen verstehen sie es in der Regel nicht so gut wie Männer, sich selbst darzustellen. Sie müssen deshalb lernen, Kompetenz, Energie und Selbstbewußtsein auszustrahlen. Aufgrund der immer noch verbreiteten Erziehung von Mädchen zur Zurückhaltung dürfte dies nicht immer einfach sein.

Sie sollten sich über Ihre eigenen Fähigkeiten im Beruf klarwerden, Ihre Stärken und Schwächen erkennen und diese mit denen Ihrer KollegInnen vergleichen. Auf diese Weise können Sie Ihr Leistungsniveau realistisch einschätzen und hierfür ein Selbstwertgefühl entwickeln.

Auf dieser Grundlage sollten Sie ein persönliches Image, also ein Bild von sich und Ihrem Können, entwickeln. Haben Sie dieses Image erst einmal verinnerlicht, müssen Sie dieses den für Ihren Erfolg wichtigen Personen vor Augen führen. Schließlich nützt es Ihnen wenig, wenn Sie selbst wissen, wie gut Sie sind, Ihr Chef aber keine Ahnung hat, welche Fähigkeiten in Ihnen schlummern, weil Sie bisher einfach zu schüchtern waren, Ihre Ideen und Vorschläge einzubringen.

Überlegen Sie sich deshalb, auf welche Art und Weise Sie Ihrem Vorgesetzten am besten beweisen können, wie kompetent und engagiert Sie sind und daß Sie weiterkommen möchten. Halten Sie daher einen regelmäßigen Kontakt zu Ihrem Chef, und informieren Sie ihn so weit es geht über den jeweiligen Stand Ihrer Arbeit. Scheuen Sie sich nicht, Ihren Vorgesetzten um seine Beurteilung

Ihrer Arbeit zu bitten. In vielen Unternehmen werden auch regelmäßig offizielle Beurteilungsgespräche geführt. Auf diese Weise erfahren Sie, wie Ihre Leistung eingeschätzt wird und wie Sie diese eventuell noch verbessern können.

Wenn Sie über besondere Interessen und Kenntnisse verfügen, die dem Unternehmen von Nutzen sein könnten, sollten Sie Ihrem Chef verschiedene Vorschläge unterbreiten, die Sie gern in die Tat umsetzen würden. Möglicherweise können Sie sich auf diese Weise zur Spezialistin auf einem bestimmten Gebiet entwickeln. Sagen Sie Ihrem Vorgesetzten, daß Sie gern neue Aufgaben übernehmen und hierfür auch eine eventuell erforderliche Weiterbildung absolvieren würden.

Treten Sie bei Ihren Anliegen stets von Ihren Kompetenzen her überzeugt und gegenüber Ihrem Chef überzeugend auf. Zeigen Sie, daß Sie sich mit den Zielen des Unternehmens identifizieren, kreativ, flexibel und motiviert sind.

Vergessen Sie nicht, daß auch Äußerlichkeiten für Ihren Erfolg wichtig sein können. Daher sollten Ihre Kleidung und Ihr Aussehen Ihrer Persönlichkeit sowie Ihrem Image entsprechen. Schulen Sie Ihre Stimme und achten Sie auf Ihre Gestik. Auch Frauen mit einer von Natur aus eher piepsigen Stimme können es mit einigem Training schaffen, die Tonlage ein wenig tiefer zu legen und deutlich zu artikulieren. Achten Sie auf selbstsichere Formulierungen und vermeiden Sie unsichere Aussagen wie z. B. »vielleicht«, »eigentlich«, »könnte«, »würde« oder ähnliches. Lassen Sie sich nach Möglichkeit von niemandem in Ihrem Vortrag unterbrechen. Fällt Ihnen jemand ins Wort, bitten Sie höflich, aber bestimmt, Ihre Ausführungen zu Ende bringen zu dürfen. Machen Sie gegebenenfalls einen Rhetorik-Kurs (z. B. bei der Volkshochschule).

Kontrollieren Sie Ihre Gestik! Schließlich kann man aus der Körpersprache eines Menschen einiges über seine innere Haltung und seine Gefühle erkennen (z. B. Unsicherheit, Desinteresse, Abwehr). Treten Sie Ihrem Ansprechpartner locker, aber aufrecht gegenüber und halten Sie während des Gesprächs Blickkontakt. Ihre Hände können Sie ruhig in das Gespräch mit einbeziehen.

Vermeiden Sie es möglichst, Ihre Arme vor dem Oberkörper oder auf dem Rücken zu verschränken. Dies wirkt leicht abwehrend oder unsicher.

Es gibt übrigens inzwischen schon eine Reihe von Institutionen und Netzwerken, die Frauen bei ihrer Karriereplanung unterstützen. Die Adressen finden Sie im Anhang.

4. Wie plane ich meine Ausbildung?

Die Weichen für die spätere Berufswahl werden zum Teil bewußt oder auch unbewußt schon im Elternhaus gestellt. Dies gilt besonders, wenn die Eltern in der Lage sind, die Begabungen ihres Kindes zu erkennen und entsprechend zu fördern.

Während der Schulzeit können sich ebenfalls schon bestimmte Neigungen im Hinblick auf die spätere Berufswahl herausbilden. Allerdings kann die Begeisterung einer Schülerin für eine spezielle Fachrichtung (z. B. Naturwissenschaften oder Kunst) auch von den Fähigkeiten der Lehrer abhängen, den Lehrstoff zu vermitteln. Es ist deshalb nicht immer gesagt, daß eine Schülerin, die z. B. in Mathematik schlechte Noten bekommen hat, später keinen technischen oder naturwissenschaftlichen Beruf ausüben könnte. Sicher würden ihr aber die schlechten Noten in naturwissenschaftlichen Fächern den Einstieg in eine solche Ausbildung erschweren oder sogar unmöglich machen.

Möglichst schon bei der Wahl der Schulausbildung sollte der spätere Berufsweg bedacht werden. Die Tatsache, daß heute fast jede dritte Schulabgängerin Abitur gemacht hat und ca. zwei Drittel aller Abiturientinnen studieren möchten, hat dazu geführt, daß nur die wenigsten von ihnen aufgrund des Numerus clausus in bestimmten Fächern den begehrten Studienplatz bekommen. Wer sich dann trotz der heute oft unerträglichen Studienbedingungen an überfüllten Hochschulen bis zum Examen durchgekämpft hat, muß in vielen Berufssparten anschließend mit Arbeitslosigkeit rechnen. Außerdem muß jeder, der eine Hochschulausbildung absolvieren will, jahrelange finanzielle Einbußen hinnehmen und kann seine berufliche Karriere erst in einem Alter von etwa 28 bis 30 Jahren starten. Im Vergleich zu anderen Ländern ist ein so langer Ausbildungsweg beinahe schon unzumutbar.

Es sollte daher bereits im Elternhaus gut überlegt werden, ob das Abitur für den späteren Berufsweg eines Kindes wirklich unerläßlich erscheint.

Je nach Schultyp können Schülerinnen der achten oder neunten Klassen ein zwei- bzw. dreiwöchiges Betriebspraktikum nach eigener Wahl absolvieren. Wenn man während eines solchen Praktikums tatsächlich schon von Betriebsangehörigen betreut wird und nicht nur mitläuft, ist dies bestimmt eine gute Gelegenheit, einen ersten Eindruck von einem bestimmten Beruf, der einen interessiert, zu gewinnen. Für Gymnasiastinnen kann es empfehlenswert sein, ab den letzten beiden Schuljahren während der Ferien zwei bis drei Wochen in einem Bereich zu jobben, für den ein besonderes Interesse besteht. Außerdem kann z. B. eine aktive Mitgliedschaft in einer sozialen oder politischen Organisation oder in einer Umweltschutzgruppe hilfreich sein, die spätere Berufswahl zu erleichtern.

Schließlich sei noch auf die Berufsberatung der Arbeitsämter hingewiesen. Dort können auch sog. Berufswahltests durchgeführt werden.

Ausschlaggebend für die Wahl der Ausbildung sollten nicht nur Ihre Neigungen und Interessen sein, sondern auch die Zukunftschancen eines Berufes. Dabei sollte bedacht werden, daß die Technisierung und Rationalisierung bestimmter Arbeitsprozesse in den kommenden Jahren weiter um sich greifen wird. Daher wird es in einigen Jahren manche Berufe vielleicht gar nicht mehr geben. Auch hierüber kann die Berufsberatung Sie informieren.

Für welche Ausbildung Sie sich auch entscheiden mögen, wichtig ist auf jeden Fall, daß Sie eine qualifizierte Ausbildung anstreben. Anderenfalls werden Sie auf dem Arbeitsmarkt kaum eine Chance haben. Sollten Sie nach Abschluß Ihrer Schulausbildung überhaupt nicht wissen, welchen Beruf Sie später einmal ergreifen wollen, kann ein Jahr Auslandsaufenthalt, gekoppelt mit einem

Sprachkurs, nützlich sein. Vielleicht können Sie dort sogar in einem Bereich jobben, der Sie besonders interessiert. Adressen von Organisationen, die Auslandsaufenthalte vermitteln, finden Sie im Anhang.

Abiturientinnen sollten als Alternative zum Studium auch eine Ausbildung bei einem Wirtschaftsunternehmen in Erwägung ziehen. Besonders häufig werden dort sog. Kompakt-Ausbildungen angeboten, die gute Aufstiegschancen garantieren, weil Sie in das Unternehmen bereits integriert sind. Hierbei handelt es sich sicher um eine gute Alternative zu dem ohnehin überlaufenen BWL-Studium.

Eine Ausbildungsplanung ist nicht nur für Jugendliche wichtig. Auch wenn Sie bereits in der Mitte des Lebens stehen und Ihnen der ausgeübte Beruf mehr Frust als Freude bringt, sollten Sie überlegen, ob Sie nicht noch einmal neu durchstarten wollen, einen anderen Beruf ergreifen oder sich gar selbständig machen möchten. Eine solche Entscheidung kommt sicherlich nicht von heute auf morgen. Es gehört auch eine große Portion Mut dazu, die eingefahrenen Bahnen zu verlassen und noch einmal von vorne anzufangen. Wenn Sie in Ihrem derzeitigen Beruf aber nur noch unzufrieden sind und sich nicht vorstellen können, bis zum Rentenalter so weiterzumachen, sollten Sie den Sprung ins kalte Wasser wagen und sich neu orientieren. Vielleicht ist für Sie ja nur eine zusätzliche Ausbildung, Fortbildung oder Spezialisierung erforderlich, um Ihre Tätigkeit wieder interessanter und befriedigender zu gestalten. Informationen und Hilfe bekommen Sie u. a. bei den im Anhang aufgeführten Organisationen und Netzwerken für Frauen.

5. Finanzielle Hilfen
während der Ausbildung

Wer als Auszubildende auf eigenen Füßen stehen will, wird von der meist geringen Ausbildungsvergütung allein kaum leben können. Nach dem Ausbildungsförderungsgesetz (§ 40 AFG) haben Auszubildende, die nicht bei den Eltern wohnen können, Anspruch auf eine Berufsausbildungsbeihilfe. Diese wird ähnlich wie BAföG für Schüler und Studenten berechnet. Der sog. Bedarf für den Lebensunterhalt und die Ausbildung wird nach dem Alter, dem Familienstand und der Unterbringung ermittelt. Hierauf wird allerdings das Einkommen der Eltern oder des Ehegatten angerechnet, soweit dieses bestimmte Freibeträge überschreitet. In der Regel liegen die Bedarfssätze für den Lebensunterhalt für Auszubildende unter 21 Jahren, die eine betriebliche Berufsausbildung machen, bei 755 DM und für Auszubildende über 21 Jahren bei 795 DM. Dazu können als weiterer Bedarf für die Ausbildung noch pauschalierte Beträge für Fahrtkosten und Arbeitskleidung hinzukommen. Den Antrag auf Berufsausbildungsbeihilfe stellen Sie bei dem für Ihren Wohnort zuständigen Arbeitsamt. Die Beihilfe wird für die gesamte Dauer der vorgeschriebenen Ausbildungszeit gezahlt, frühestens jedoch von Beginn des Antragsmonats an. Vergessen Sie also nicht, Ihren Antrag rechtzeitig zu stellen.

Für SchülerInnen und StudentInnen besteht die Möglichkeit, BAföG zu beantragen. Die einzelnen Voraussetzungen für die Gewährung von BAföG sind in dem umfangreichen und komplizierten Bundesausbildungsförderungsgesetz (kurz: BAföG) geregelt. Informationen zum BAföG erhalten StudentInnen bei den Studentenwerken der jeweiligen Hochschule. Weitere Auskünfte erteilen auch die zuständigen Ämter für Ausbildungsförderung. Außerdem können Sie beim Bundesministerium für Bildung und Wissenschaft, Heinemannstr. 2, 53170 Bonn, kostenlos die Broschüre »BAföG« anfordern, die den Gesetzestext mit Erläuterungen und Beispielen enthält. Die Ausbildungsförderung wird für SchülerInnen als Zuschuß und für StudentInnen an höheren Fachschulen, Akademien und Hochschulen zur Hälfte als Zuschuß und zur Hälfte als Darlehen gewährt, das nach Ende des Studiums zinslos zurückgezahlt werden muß.

Auch im Ausland Studierende können BAföG beziehen. Beachten Sie, daß der BAföG-Antrag mindestens sechs Monate vor Beginn des Auslandsaufenthalts gestellt werden muß.

Die derzeitigen Bedarfssätze nach dem BAföG betragen:

Ausbildungsstätte	Bei den Eltern wohnend	Nicht bei den Eltern wohnend
Weiterführende allgemeinbildende Schulen, Berufsfachschulen (10. Klasse), Fach- und Fachoberschulen (ohne abgeschlossene Berufsausbildung)	keine Förderung	590 DM[1] 540 DM[4]
zumindest zweijährige Berufsfachschul- und Fachschulklassen (ohne abgeschlossene Berufsausbildung)	330 DM[2] 310 DM[4]	590 DM[3] 540 DM[4]
Abendhaupt- und Abendrealschulen, Berufsaufbauschulen, Fachoberschulen (mit abgeschlossener Berufsausbildung)	590 DM 560 DM[4]	710 DM[3] 610 DM[4]
Fachschulen (mit abgeschlossener Berufsausbildung), Abendgymnasien, Kollegs	600 DM 560 DM[4]	755 DM 610 DM[4]
Höhere Fachschulen, Akademien, Hochschulen	640 DM 600 DM[4]	795 DM 650 DM[4]

1) Förderung wird nur geleistet, wenn eine entsprechende zumutbare Ausbildungsstätte von der Wohnung der Eltern aus nicht erreichbar ist.
2) Förderung wird nur geleistet, wenn in einem zumindest zweijährigen Bildungsgang ein berufsqualifizierender Abschluß vermittelt wird, anderenfalls gilt Fußnote 1.
3) Förderung mit dem erhöhten Bedarfssatz wird nur geleistet, wenn eine entsprechende zumutbare Ausbildungsstätte von der Wohnung der Eltern aus nicht erreichbar ist.
4) Diese Bedarfssätze gelten für den Besuch von Ausbildungsstätten in den Ländern Brandenburg, Mecklenburg-Vorpommern, Sachsen, Sachsen-Anhalt, Thüringen und Berlin (Ost); Fußnoten 1) bis 3) gelten uneingeschränkt für die neuen Länder.

Für besonders begabte StudentInnen und Nachwuchswissen-schaftlerInnen gibt es außerdem Fördermöglichkeiten durch eines der acht überregionalen Begabtenförderungswerke in der Bundes-republik. Die Adressen können Sie bei den Hochschulverwaltun-gen oder beim Bundesministerium für Bildung und Wissenschaft (Adresse s. o.) erhalten. Darüber hinaus gibt es an einigen Univer-sitäten bereits spezielle Förderstipendien für Frauen. Hierfür soll-ten Sie sich an die einzelnen Universitäten und Hochschulen wenden.

Auch für berufliche Fortbildung im Anschluß an eine Berufs-ausbildung oder im Falle einer Umschulung wird nach dem Ar-beitsförderungsgesetz (§§ 33 ff. AFG) finanzielle Hilfe gewährt. Anspruch auf Förderung haben Sie erstmals nach Abschluß einer Berufsausbildung und drei Jahren Berufstätigkeit. Ungelernte müssen eine mindestens sechsjährige Berufstätigkeit nachweisen.

Dauert eine ganztägige Weiterbildung nicht länger als sechs Monate oder eine berufsbegleitende Weiterbildung nicht länger als 24 Monate, brauchen Sie nach Abschluß einer Berufsausbildung nur zwei Jahre berufstätig gewesen zu sein, um eine Förderung beanspruchen zu können.

Wenn Sie einen Berufsabschluß haben, kann Ihre Fortbildung sogar ohne vorherige Berufstätigkeit gefördert werden. Das ist z. B. möglich, wenn Sie gleich nach Abschluß einer Ausbildung arbeitslos werden. Ungelernte müssen in einem solchen Fall ledig-lich drei Jahre Berufstätigkeit nachweisen, um ebenfalls in den Genuß einer Förderung zu kommen.

Eine vom Arbeitsamt geförderte Fortbildung oder Umschulung kommt dann in Betracht, wenn Sie nur wenig Chancen haben, in Ihrem jetzigen Beruf wieder Arbeit zu finden oder wenn gesund-heitliche Probleme Sie zwingen, Ihren Beruf aufzugeben.

Unter Berufstätigkeit sind auch solche Zeiten zu verstehen, in denen Sie beim Arbeitsamt arbeitslos gemeldet waren.

Beachten Sie, daß eine Förderung nur gewährt wird, wenn Sie vom Arbeitsamt vermittelt wurden. Voraussetzung ist weiter, daß Sie innerhalb der letzten zwölf Monate vor der Vermittlung mindestens sechs Monate beim Arbeitsamt arbeitslos gemeldet waren. Außerdem müssen Sie vor der Vermittlung Arbeitslosengeld oder -hilfe bezogen oder zumindest einen Anspruch auf solche Leistungen gehabt haben. Weiter müssen Sie die feste Absicht haben, nach der Weiterbildung eine beitragspflichtige Tätigkeit auszuüben.

Eine Altersgrenze für eine Umschulung gibt es grundsätzlich nicht. Während der Zeit der Fortbildung oder Umschulung erhalten Sie ein monatliches Unterhaltsgeld. Zuständig für die Förderung einer Fortbildung oder Umschulung ist das Arbeitsamt. Sie können sich aber auch bei den Gewerkschaften, Handwerkskammern oder Industrie- und Handelskammern hierüber informieren.

Auf Landesebene existieren darüber hinaus spezielle Frauen-Förderungsprogramme. In Sachsen gibt es z. B. ein Förderungsprogramm mit dem Namen »Starthilfe«, das arbeitslosen Frauen Hilfe bietet. In Bremen wurde ein »Berufsrückkehrerinnen-Programm« geschaffen, das vom Land mit Unterstützung des Arbeitsamtes im Rahmen des europäischen Sozialfonds finanziert wird. Wenden Sie sich wegen dieser besonderen Förderungsprogramme an Ihr zuständiges Arbeitsamt, und lassen Sie sich dort am besten von der beauftragten Fachkraft für Frauenbelange beraten.

6. Welche Rechte und Pflichten haben Auszubildende?

Die Rechte der Auszubildenden sind hauptsächlich im Berufsbildungsgesetz geregelt. Natürlich gilt auch das allgemeine Arbeitsrecht für Auszubildende.

Ziel einer jeden Berufsausbildung soll es sein, Ihnen eine breitangelegte Grundbildung sowie die notwendigen fachlichen Fertigkeiten und Kenntnisse für die Ausübung einer qualifizierten beruflichen Tätigkeit zu vermitteln. Das Ziel der Berufsausbildung ergibt sich aus dem jeweiligen Berufsbild.

Die sachliche und zeitliche Gliederung der Ausbildung ist in einem speziellen Ausbildungsplan festgelegt. Dieser muß Ihnen zusammen mit dem Berufsausbildungsvertrag ausgehändigt werden.

Für den Abschluß eines Berufsausbildungsvertrages gibt es keine besonderen Formvorschriften. Der Ausbilder muß jedoch vor Beginn der Ausbildung den wesentlichen Inhalt schriftlich festlegen. Hierzu gehören zunächst die genauen Daten des Beginns und des Endes der Berufsausbildung. Eventuelle Anrechnungszeiten, wie z. B. ein Berufsgrundbildungsjahr, müssen dabei berücksichtigt werden.

Auch die Dauer der Probezeit muß ausdrücklich bestimmt sein. Sie kann zwischen einem und drei Monaten betragen. Wenn Sie das Ausbildungsverhältnis wechseln, muß eine neue Probezeit vereinbart werden.

Vor und auch noch während der Probezeit sind beide Seiten berechtigt, das Ausbildungsverhältnis ohne jede Begründung sowie ohne Einhaltung einer Frist zu kündigen.

Die Urlaubsdauer ist für jedes Kalenderjahr festzulegen.

Die Ausbildungsvergütung muß für jedes Ausbildungsjahr genau beziffert werden. Außerdem muß die Ausbildungsvergütung angemessen sein. Die Höhe der Vergütung kann sich auch aus Tarifverträgen ableiten lassen. Nicht tarifgebundene Ausbilder dürfen bis zu zehn Prozent weniger zahlen als im Tarifvertrag vorgesehen.

Erhalten Auszubildende monatliche Sachleistungen, müssen diese gesondert ausgewiesen werden.

Für die Ausbildung anzurechnende Zeiten müssen bei der Berechnung der Ausbildungsvergütung berücksichtigt werden. Verkürzt sich also z. B. Ihre Ausbildung um ein Jahr, weil Sie Abiturientin sind, muß Ihnen gleich zu Beginn der Ausbildung die Vergütung für das zweite Ausbildungsjahr gezahlt werden.

Nach der Probezeit darf der Ausbilder das Ausbildungsverhältnis nur noch aus einem wichtigen Grund außerordentlich kündigen, sofern ihm dieser nicht länger als zwei Wochen bekannt war. Eine ordentliche Kündigung des Ausbildungsverhältnisses ist dagegen nur seitens der Auszubildenden zulässig. Sie müssen dabei eine vierwöchige Frist einhalten. Minderjährige Auszubildende brauchen hierfür die Zustimmung ihres gesetzlichen Vertreters, also in der Regel der Eltern.

Die Kündigung eines Ausbildungsverhältnisses muß stets schriftlich erfolgen. Kündigt der Ausbilder aus einem wichtigen Grund oder kündigen Sie selbst, muß die Kündigung auch begründet werden.

Wenn Sie der Meinung sind, daß Ihnen zu Unrecht gekündigt wurde, sollten Sie sich schnellstmöglich bei Ihrem Betriebs- bzw. Personalrat, Ihrer Gewerkschaft oder anwaltlich beraten lassen.

Der Ausbildungsvertrag muß von dem Ausbilder, der Auszubildenden und – sofern diese noch minderjährig ist – von ihren gesetzlichen Vertretern unterschrieben werden. Der Ausbilder muß den Beteiligten eine unterzeichnete Ausfertigung aushändigen.

Während der Ausbildung dürfen Ihnen nur solche Arbeiten

übertragen werden, die zu dem jeweiligen Berufsbild gehören. Daher sollten Sie sich auf jeden Fall mit Ihrem Ausbildungsplan vertraut machen.

Wenn Ihr Ausbilder eine besondere Arbeitskleidung vorschreibt, muß er Ihnen diese auch auf seine Kosten zur Verfügung stellen. Dieses sollten Sie sicherheitshalber im Ausbildungsvertrag schriftlich festlegen.

Für Jugendliche darf die tägliche Arbeitszeit grundsätzlich nicht länger als acht Stunden dauern (ohne Ruhepausen). Die Wochenarbeitszeit darf 40 Stunden nicht überschreiten. In Tarifverträgen dürfen allerdings für Jugendliche abweichende Arbeitszeiten vereinbart werden. Die Arbeitszeit darf dann täglich höchstens neun Stunden und wöchentlich 44 Stunden betragen. Innerhalb von zwei Monaten muß außerdem die durchschnittliche Arbeitszeit von 40 Wochenstunden durch Gewährung von freien Tagen sichergestellt werden.

Da für Jugendliche grundsätzlich die Fünftagewoche gilt (§ 15 JArbSchG), ist eine Samstags- und Sonntagsbeschäftigung in der Regel unzulässig. Ausnahmen gelten nur in besonderen Wirtschaftsbereichen (z. B. Gaststättengewerbe, Krankenhäuser).

Die Arbeitszeit für Jugendliche darf in der Regel nicht vor sechs Uhr morgens beginnen und nicht nach 20 Uhr enden. Ausnahmen sind nur für Schichtbetriebe und im Gaststättengewerbe zulässig, wo Jugendliche über 16 Jahren bis 22 Uhr arbeiten dürfen. Nach Feierabend muß den Jugendlichen mindestens eine ununterbrochene Freizeit von zwölf Stunden verbleiben.

Bei einer Arbeitszeit von mehr als 4,5 Stunden haben Jugendliche einen Anspruch auf eine oder mehrere im voraus festgelegte Pausen.

Auszubildende haben grundsätzlich einen Anspruch auf Urlaub. Die Urlaubsdauer bestimmt sich entweder nach dem Berufsausbildungsvertrag, nach Tarifvertrag oder nach dem Bundesurlaubsgesetz. Gemäß § 3 BUrlG beträgt die Dauer des Urlaubs jährlich mindestens 18 Werktage. Als solche gelten alle Kalendertage, ohne Sonn- und gesetzliche Feiertage. Wenn Sie minderjährig sind, haben Sie Anspruch auf folgenden jährlichen Mindesturlaub nach dem Jugendarbeitsschutzgesetz:

- 30 Werktage für 15jährige
- 27 Werktage für 16jährige
- 25 Werktage für 17jährige

Ausschlaggebend bei der Berechnung ist Ihr Alter zu Beginn des Kalenderjahres.

Überstunden müssen Ihnen angemessen vergütet werden. Für zulässige Sonn- und Feiertagsarbeit muß Ihnen ein Freizeitausgleich gewährt werden. Haben Sie an einem Tag länger als fünf Zeitstunden Berufsschule (einschließlich der Pausen), muß Ihnen Ihr Ausbilder den restlichen Tag freigeben, damit Sie den Unterrichtsstoff aufarbeiten können. Diese Regelung gilt allerdings nur für einen Tag pro Woche.

Wenn Sie in der Berufsschule Blockunterricht haben und die Unterrichtszeit – verteilt auf fünf Tage – 25 Stunden beträgt, müssen Sie ebenfalls von der Arbeit freigestellt werden. Dasselbe gilt, wenn Ihr Berufsschulunterricht vor neun Uhr beginnt und Sie deshalb nur ganz kurz (ca. nur eine halbe Stunde) an Ihrem Ausbildungsplatz anwesend sein könnten.

Es ist verboten, Jugendlichen gefährliche Arbeiten oder Tätigkeiten zu übertragen, die ihre Kräfte überfordern oder sie sittlich gefährden könnten. Ebenso ist Akkord- oder Fließbandarbeit mit vorgeschriebenem Arbeitstempo grundsätzlich unzulässig. Etwas anderes gilt nur, wenn dies für das Ausbildungsziel erforderlich ist oder wenn Jugendliche eine Berufsausbildung für eine solche Tätigkeit abgeschlossen haben und unter fachkundiger Aufsicht arbeiten.

Für Jugendliche gilt ein absolutes Züchtigungsverbot. Außerdem dürfen an Jugendliche weder Tabak noch alkoholische Getränke am Arbeitsplatz abgegeben werden. Verstößt ein Ausbilder gegen das Jugendarbeitsschutzgesetz, kann er mit einer Geldbuße bis zu 20 000 DM belegt werden. Wird durch einen solchen Verstoß ein Jugendlicher in seiner Gesundheit gefährdet, droht sogar eine Freiheitsstrafe bis zu einem Jahr.

Wenn Sie krank sind, wegen der Berufsschule von der Arbeit freigestellt wurden oder aus anderen Gründen unverschuldet ausfallen, ist der Ausbilder verpflichtet, Ihre Ausbildungsvergütung bis zu sechs Wochen fortzuzahlen. Die Zahlung ist jeweils am letzten Arbeitstag eines Monats fällig.

Kann Ihre Ausbildung aus bestimmten Gründen nur auswärts in der Hauptverwaltung bzw. in einer Filiale durchgeführt werden, müssen Sie die Kosten für Unterkunft und Verpflegung nicht selbst tragen. Bei täglichen weiten Anfahrten zur Ausbildungsstätte sind Auszubildende für die Dauer der Fahrzeit von der Berufsausbildung freizustellen. Die Fahrtkosten werden gegebenenfalls vom Arbeitsamt übernommen.

Bei Berufsschulblockunterricht mit auswärtiger Unterbringung gewähren einige Bundesländer einen Kostenzuschuß. Auskünfte hierüber erteilen ebenfalls die Arbeitsämter. In der Regel übernehmen die Betriebe jedoch freiwillig zumindest einen Teil dieser Kosten. Fahrten zur Berufsschule werden allerdings vom Ausbilder meist nur bezahlt, wenn dieses einzel- oder tarifvertraglich festgelegt wurde.

Der Ausbilder ist verpflichtet, Sie rechtzeitig zu den angesetzten Zwischen- und Abschlußprüfungen anzumelden und Sie für die Teilnahme – wie für den Berufsschulunterricht – freizustellen.

Sollten Sie die Abschlußprüfung nicht bestehen, können Sie von Ihrem Ausbilder verlangen, daß er den Ausbildungsvertrag bis zur nächsten Prüfung, höchstens aber für ein Jahr, verlängert. Bei erfolgreicher Abschlußprüfung endet damit gleichzeitig das Ausbildungsverhältnis. Anschließend ist der Ausbilder nicht verpflichtet, mit Ihnen auch einen Arbeitsvertrag abzuschließen. Beschäftigt er Sie jedoch nach Ende der Ausbildung weiter, wird dadurch auch ohne offiziellen Arbeitsvertrag ein Arbeitsverhältnis auf unbestimmte Zeit begründet.

Wurde Ihr Ausbildungsverhältnis beendet, haben Sie Anspruch auf ein Zeugnis, das Angaben über Art, Dauer und Zeit der Berufsausbildung sowie über die erworbenen Fertigkeiten und Kenntnisse enthält. Außerdem können Sie verlangen, daß in dem Zeugnis auch Ausführungen über Ihre Leistungen, Ihre Führung sowie über besondere Fähigkeiten gemacht werden.

Grundsätzlich dürfen mit Auszubildenden keine Vertragsstrafen vereinbart werden. Nichtig sind auch Regelungen, wonach für die Berufsausbildung ein Lehrgeld an den Ausbilder zu zahlen ist.

Eventuelle Schadensersatzansprüche von Auszubildenden dürfen weder beschränkt, ausgeschlossen oder nur in pauschaler Höhe festgesetzt werden. Ein Anspruch auf Schadensersatz kann z. B. entstehen, wenn der Ausbilder seine Ausbildungspflicht schuldhaft verletzt hat.

Gibt es in Ihrer Firma einen Betriebsrat und sind mindestens fünf Beschäftigte jünger als 18 Jahre oder Auszubildende, die das 25. Lebensjahr noch nicht vollendet haben, dann können diese eine Jugend- und Auszubildendenvertretung wählen. Diese kümmert sich um die Belange der Auszubildenden und achtet auf die Einhaltung der Vorschriften des Jugendarbeitsschutzgesetzes, der Tarifverträge, der Betriebsvereinbarungen und der Unfallverhütungsvorschriften. Die Mitglieder der Jugend- und Auszubildendenvertretung dürfen auch an allen Sitzungen des Betriebsrats teilnehmen.

7. Wie bewerbe ich mich richtig?

Weil der erste Eindruck meist der wichtigste ist, sollten Sie Ihr Bewerbungsschreiben besonders sorgfältig formulieren. Wie in der Werbung sollten Sie alle Pluspunkte, die dafür sprechen, daß Sie für die angebotene Stelle die Richtige sind, geschickt hervorheben. Der Leser muß geradezu neugierig werden, Sie kennenzulernen.

Da – wie so oft – die Würze in der Kürze liegt, sollte Ihr Bewerbungsschreiben möglichst nicht länger als 1 1/2 Seiten sein. Besser ist sogar nur eine Seite. Natürlich muß auch der äußere Rahmen stimmen.

Für das Bewerbungsschreiben und den Lebenslauf nehmen Sie am besten ein gutes weißes Papier (ungelocht und unliniert) in DIN-A4-Format. Schreiben Sie Ihre Bewerbung möglichst auf einer elektrischen Schreibmaschine mit gleichmäßigem Schriftbild oder – noch besser – auf einem PC. Sollten Sie keinen guten Drucker haben, fragen Sie in einem Kopiergeschäft oder Schreibbüro, ob Sie Ihre Diskette dort mit einem Laserdrucker schreiben lassen können.

Für einen guten optischen Eindruck Ihres Schreibens ist es wichtig, daß an beiden Seiten ein Rand von ca. drei bis vier cm gelassen wird. Schreiben Sie 1 1/2zeilig und vergessen Sie nicht, in Absätzen zu untergliedern.

Perfekte Rechtschreibung und Zeichensetzung sollten in Bewerbungsschreiben selbstverständlich sein. Sollten Sie sich hierin nicht so sicher fühlen, lassen Sie Ihre Bewerbung am besten gleich in einem Schreibbüro tippen.

Sämtliche Bewerbungsunterlagen legen Sie in eine weiße Klemm-Mappe, und zwar in folgender Reihenfolge:

- Bewerbungsschreiben
- Lebenslauf
- Arbeitszeugnisse, evtl. Zwischenzeugnis
- Ausbildungszeugnis, Examenszeugnis, Diplom u. ä.

Reichen Sie nie Originalzeugnisse ein, sondern stets Fotokopien von guter Qualität. Nur das Bewerbungsanschreiben und der Lebenslauf (ggf. auch eine gewünschte Schriftprobe) werden als Originale vorgelegt. Vergessen Sie nicht, sich hiervon Kopien zurückzubehalten. Diese können Ihnen als kleine Gedächtnisstütze für das Vorstellungsgespräch dienen.

Das Bewerbungsschreiben sollte am besten linksbündig und mit blauer Tinte unterschrieben werden (kein Kugelschreiber!). Auf dem Blatt mit dem Lebenslauf befestigen Sie mit Papierkleber ein Portraitfoto (ca. 5,5 x 4 cm, am besten schwarzweiß) in der rechten oberen Ecke. Das Foto sollten Sie bei einem guten Fotografen machen lassen. Schließlich kann bereits dieses Foto über Sympathie oder Antipathie entscheiden.

Nun zum inhaltlichen Aufbau Ihres Bewerbungsschreibens:

Aus Ihrem Anschreiben müssen Ihre Eignung sowie Ihr spezielles Interesse an der angebotenen Stelle hervorgehen. Nach der Anrede, in der Sie möglichst die für die Bearbeitung Ihrer Bewerbung zuständige Person namentlich nennen sollten, folgt zunächst eine kurze Bezugnahme auf das Stellenangebot. Im Anschluß daran sollten Sie ausführen, aus welchen Gründen gerade Sie für diese Tätigkeit besonders geeignet sind. Beschreiben Sie kurz Ihren Ausbildungsweg und Ihre besonderen Fähigkeiten sowie die Stationen Ihrer bisherigen beruflichen Laufbahn. Legen Sie knapp Ihre Motive dafür dar, sich gerade für diese Stelle zu bewerben. Erklären Sie auch, was Sie beruflich erreichen möchten. Seien Sie dabei allerdings realistisch, und informieren Sie sich zuvor so gut es geht über die Struktur des Betriebes bzw. Unternehmens (auch wichtig für das spätere Vorstellungsgespräch!).

Seien Sie bei Ihrer Selbstdarstellung nicht zu bescheiden, und lassen Sie erkennen, daß Sie Ihre Ausführungen in einem persönlichen Vorstellungsgespräch gern vertiefen würden.

Schließen Sie Ihr Schreiben mit einer der im Geschäftsleben üblichen Grußformeln »Mit freundlichem Gruß« oder »Mit freundlichen Grüßen«. Unterschreiben Sie mit Vor- und Nachnamen.

Wenn auf der Seite noch Platz ist, können die beigefügten Bewerbungsunterlagen als Anlagen aufgeführt werden.

Unterschätzen Sie nicht die Bedeutung Ihres Lebenslaufs für Ihre Bewerbung. Sie sollten daher auf keinen Fall einen »Standard-Lebenslauf« für Ihre sämtlichen Bewerbungen verwenden, sondern ihn stets auf die zu besetzende Stelle zuschneiden. Natürlich darf der Lebenslauf keine Unwahrheiten enthalten. Es ist jedoch vorteilhaft, die für die angestrebte Tätigkeit wichtigen Stationen Ihres Werdegangs hervorzuheben.

Sofern nicht ausdrücklich ein handschriftlicher oder ausführlicher Lebenslauf in der Stellenanzeige gewünscht wurde, reichen Sie einen mit Maschine geschriebenen sog. tabellarischen Lebenslauf ein. Dieser ist wie folgt aufzubauen:

Lebenslauf

Zur Person:
Hierhin gehören Ihr vollständiger Name, Ihre Adresse mit Telefonnummer, Ihr Geburtsdatum und -ort. Außerdem sind der Familienstand (ggf. Name und Beruf des Ehepartners) sowie die Anzahl Ihrer Kinder zu nennen.

Schulausbildung:
Hier kommt es insbesondere auf den erreichten Schulabschluß an.

Berufsausbildung:
An dieser Stelle nennen Sie sämtliche Stationen Ihrer Berufsausbildung, also z. B. auch Studium.

Berufstätigkeit:

In diese Rubrik fallen Zeitraum und Art Ihrer bisherigen beruflichen Tätigkeit (mit Angabe der Firmen und Orte).

Weiterbildung:

An dieser Stelle sind Lehrgänge, Zweitstudien, Zusatzausbildungen und dergleichen zu nennen.

Besondere Kenntnisse:

Hierunter fallen besondere Fähigkeiten wie z. B. Fremdsprachen, EDV, Führerschein oder sonstige Qualifikationen.

Je nach angestrebter Tätigkeit können Sie in Ihrem Lebenslauf auch noch ehrenamtliche Tätigkeiten und Hobbys benennen.

Der Lebenslauf wird am Schluß mit Ort und Datum sowie mit Ihrer persönlichen Unterschrift (Vor- und Zuname) versehen.

Lücken im beruflichen Werdegang springen jedem Personalchef sofort ins Auge und provozieren im Vorstellungsgespräch Nachfragen. Haben Sie z. B. eine »Baby-Pause« eingelegt, machen Sie dies ruhig in Ihrem Lebenslauf deutlich. Sie beweisen damit u. a. Verantwortungsbewußtsein und bekennen sich zu einem wichtigen Lebensabschnitt für Sie als Frau.

Sind die Lücken in Ihrem Lebenslauf durch Arbeitslosigkeit entstanden, sollten Sie in Ihrem tabellarischen Lebenslauf lediglich die Stationen Ihrer Berufstätigkeit aufführen und die Zeiträume der Arbeitslosigkeit überspringen. Sind Sie zum Zeitpunkt der Bewerbung arbeitslos, beenden Sie Ihren Lebenslauf am besten mit der Angabe Ihrer letzten Tätigkeit.

Grundsätzlich gehören in Ihren Lebenslauf keinerlei Angaben über eine etwaige Kirchen-, Partei- oder Gewerkschaftszugehörigkeit. Etwas anderes gilt nur, wenn Sie sich bei einer solchen Institution bewerben. Ebensowenig haben Angaben über Ihren Gesundheitszustand oder Ihre Vermögensverhältnisse sowie über Ihre Eltern, Ihren Partner oder Ihre Kinder etwas in Ihrem Lebenslauf zu suchen (Angabe des Familienstandes sowie Anzahl der Kinder reichen aus).

Inzwischen gibt es übrigens für PCs mit Windows 3.1. das spezielle Programm Bewerbungs-Consultant (ca. 130 DM). Es soll Stellensuchenden beim Formulieren und Gestalten des Bewerbungsschreibens und des Lebenslaufs helfen. Außerdem enthält das Programm ein Stärken- und Schwächenprofil, Testaufgaben, Gehaltslisten, Tips zur Verhandlungsstrategie, Checklisten für Vorstellungsgespräche und für Vertragselemente sowie Adressen von wichtigen Institutionen. Beachten Sie aber, daß die Bewerbung stets »Ihre Handschrift« tragen sollte und solche »Bewerbungshilfen« immer nur Anregungen sein können. Gewarnt werden muß ausdrücklich vor der Übernahme von Musterbriefen und dergleichen. So etwas fällt jedem Personalchef sofort auf, und Ihre Bewerbung wandert gleich in den Papierkorb.

Versenden sollten Sie Ihre Bewerbung in einem festen DIN-A4-Umschlag (am besten mit verstärkter Papprückseite). Achten Sie auf eine sorgfältige Beschriftung und ausreichende Frankierung (ggf. bei der Post erfragen). Eine Sonderzustellung wie Eilbrief oder Einschreiben ist wenig nützlich, sondern bereitet dem Empfänger in der Regel nur unnötige Umstände.

Natürlich können Sie Ihre Bewerbungsunterlagen auch persönlich abgeben. Dieses bietet sich vor allem bei kleineren bis mittelgroßen Firmen an. Auf diese Weise können Sie schon mal ein paar Worte mit der Sekretärin oder – wenn Sie Glück haben – sogar mit dem Chef wechseln und einen ersten Eindruck von sich vermitteln. Übrigens sollte der Einfluß mancher Sekretärin nicht unterschätzt werden. Ein kurzes freundliches Gespräch mit ihr kann Ihnen unter Umständen Pluspunkte beim Chef einbringen, wenn die Sekretärin ihm die Bewerbungen vorlegt.

Notieren Sie sich unbedingt den Tag, an dem Sie die Bewerbung abgeschickt bzw. abgegeben haben. Sollten Sie nach einem Monat noch keine Nachricht erhalten haben, können Sie telefonisch höflich nachfragen, ob schon eine Entscheidung über die Besetzung der Stelle getroffen wurde. Ansonsten sollten Sie zwischendurch möglichst nicht telefonisch nachhaken.

8. Das Vorstellungsgespräch – welche Fragen sind zulässig?

Werden Sie zum Vorstellungsgespräch eingeladen, haben Sie die erste Hürde des Bewerbungsverfahrens schon genommen. Sie wurden damit bereits in die engere Wahl gezogen.

Beim Vorstellungsgespräch kommt es in erster Linie auf Ihr Auftreten und auf Ihre Selbstdarstellung an. Der künftige Arbeitgeber möchte sich ein Bild von Ihrer Persönlichkeit machen und prüfen, ob Sie in seine Firma passen.

Wenn Sie einen Vorstellungstermin haben, sollten Sie zunächst folgende »Äußerlichkeiten« beachten:

Sie dürfen auf keinen Fall zu spät kommen und nicht die falsche Kleidung anziehen. Wer unpünktlich ist, gilt zugleich als unzuverlässig und erntet noch vor Beginn des Vorstellungsgesprächs Minuspunkte. Kalkulieren Sie also für den Weg zur Firma genügend Zeit ein. Fahren Sie die Strecke gegebenenfalls vorher schon einmal ab.

Müssen Sie sich in einer anderen Stadt vorstellen, reisen Sie am besten schon am Vortag an, damit Sie möglichst ausgeruht zum Termin erscheinen können.

Übrigens sollten Sie auch nicht zu früh erscheinen, höchstens eine Viertelstunde vor dem Gespräch.

Die Wahl Ihrer Kleidung richtet sich natürlich nach der Art des Unternehmens, bei dem Sie sich beworben haben. Handelt es sich z. B. um eine Bank oder ein Wirtschaftsunternehmen, sollten Sie etwas Klassisches wie ein Kostüm oder eine Blazer-Kombination anziehen. Dagegen kann es bei einer Werbeagentur ruhig etwas Modisch-Ausgefallenes sein. Auf jeden Fall sollten Sie möglichst nicht etwas ganz Neues tragen, sondern lieber ein Kleidungsstück, in dem Sie sich wohl fühlen.

Auch das Make-up muß auf die Kleidung abgestimmt sein. Legen Sie nicht zuviel Schmuck an, und achten Sie auf passende Accessoires, am besten eine Lederhandtasche und gute Lederschuhe.

Nehmen Sie auch eine kleine Schreibmappe mit, damit Sie sich während des Gesprächs gegebenenfalls Notizen machen können. Vergessen Sie nicht, Ihre Schminkutensilien zum eventuellen Nachschminken, ein Deo, Papiertaschentücher und am besten auch eine Ersatzstrumpfhose einzustecken.

Zur inhaltlichen Vorbereitung auf das Vorstellungsgespräch sollten Sie zunächst noch einmal Ihr Bewerbungsschreiben und Ihren Lebenslauf gründlich verinnerlichen. Natürlich sollten Sie sich rechtzeitig vor dem Vorstellungsgespräch über das Tätigkeitsfeld und den internen Aufbau des Unternehmens, bei dem Sie sich beworben haben, eingehend informieren. Größere Betriebe haben meist eine eigene Abteilung für Öffentlichkeitsarbeit, die Ihnen Werbe- und Informationsmaterial zuschicken kann. Eine gute Informationsquelle bieten auch die sog. »Hoppenstedt«-Handbücher (Handbuch deutscher Großunternehmen, Handbuch mittelständischer Betriebe), die Sie in öffentlichen Büchereien und Wirtschaftsarchiven finden.

Da die Entscheidung, ob Sie die Stelle bekommen, etwa zu achtzig Prozent von der positiven Einschätzung Ihrer Persönlichkeit abhängt, kommt es im Vorstellungsgespräch vor allem auf Ihr Auftreten an. Achten Sie daher besonders auf Ihre Körpersprache und Ihre Sprache. Schulen Sie auch Ihre Ausdrucksweise.

Ihre Körpersprache sollte in erster Linie Selbstbewußtsein und Sicherheit ausstrahlen. Ihr Gegenüber soll merken, daß Sie von Ihrer Kompetenz für die angebotene Stelle überzeugt sind. Wie Sie sich durch Ihr Auftreten am besten selbst darstellen, lesen Sie in Kapitel 3 nach.

Durch Ihr sprachliches Ausdrucksvermögen sollten Sie vor

allem Gewandtheit, Lebendigkeit, Entschlossenheit und Glaub-
würdigkeit vermitteln.

Da man Sie bestimmt auch nach Ihrer derzeitigen Tätigkeit
fragen wird, überlegen Sie schon vorher, wie Sie Ihren bisherigen
Aufgabenbereich am besten kurz und eingehend beschreiben können. Günstig ist es, wenn Sie dabei Funktionen nennen können, die
Sie auch in dem neuen Job erfüllen sollen.

Für Lücken in Ihrem Lebenslauf sollten Sie plausible Erklärun-
gen parat haben, damit Sie im Vorstellungsgespräch nicht ins
Stottern kommen. Eine längere »Baby-Pause« oder Arbeitslosigkeit sind keine Gründe, für die Sie sich schämen müßten. Machen
Sie deutlich, daß Sie nach Ihrer »Baby-Pause« besonders motiviert
sind. Dabei sollten Sie gleichzeitig erwähnen, daß die Kinderbetreuung von Ihnen gut organisiert wurde.

Da bekannt ist, daß Arbeitslosigkeit fast jeden treffen kann, und
wenn Sie die Gründe, die in Ihrem Fall dazu geführt haben,
überzeugend schildern können, wird sich dieses Thema bei Ihrer
Gesamtbeurteilung nicht negativ auswirken. Vielleicht konnten
Sie die Zeit Ihrer Arbeitslosigkeit nutzen, sich fortzubilden oder
sich ehrenamtlich zu engagieren. Sie könnten damit unter Beweis
stellen, daß Sie auch nach einem beruflichen Rückschlag in der
Lage sind, sich neu zu orientieren und zu motivieren.

Auf jeden Fall sollten Sie Ihr spezielles Interesse an der ausge-
schriebenen Stelle und dem gesamten Unternehmen zeigen. Eine
Chance, Ihre Motivation unter Beweis zu stellen, bietet sich vor
allem, wenn Ihnen am Ende des Vorstellungsgesprächs die Möglichkeit geboten wird, selbst Fragen zu stellen. Deshalb sollten Sie
sich aufgrund der von Ihnen bereits eingeholten Informationen
über das Unternehmen einige sachbezogene Fragen (z. B. nach der
Unternehmensstruktur, nach der Aufgabenverteilung in der Abteilung) überlegen.

Vor Beginn des eigentlichen Vorstellungsgespräches wird den
Bewerbern häufig zunächst ein Personalfragebogen vorgelegt, der
vorab ausgefüllt werden soll. Dieser kann manchmal auch unzulässige Fragen enthalten, die Sie dann nicht wahrheitsgemäß be-

antworten müssen. Dasselbe gilt natürlich auch für unzulässige Fragen während des Vorstellungsgesprächs. Auch in diesem Fall sind Sie berechtigt, unwahre Angaben zu machen. Im Einzelfall kann die Abgrenzung einer unzulässigen von einer zulässigen Frage problematisch sein. Haben Sie bei einer zulässigen Frage des Arbeitgebers gelogen und kommt dies heraus, darf dieser den Arbeitsvertrag wegen arglistiger Täuschung anfechten und gegebenenfalls Schadensersatz von Ihnen verlangen. Das Anfechtungsrecht des Arbeitgebers kann aber unter Umständen dadurch entfallen, daß die wahrheitswidrige Beantwortung der Fragen keine praktische Bedeutung mehr hat. Hiervon ist z. B. dann auszugehen, wenn das Arbeitsverhältnis bis zur Aufdeckung der Unwahrheit beanstandungsfrei war.

Damit Sie jedoch gar nicht erst Gefahr laufen, eine zulässige Frage des Arbeitgebers möglicherweise für unzulässig zu halten, erhalten Sie nachfolgend eine Übersicht der bisher als zulässig bzw. als unzulässig geltenden Fragen.

Grundsätzlich darf der Arbeitgeber Ihnen nur solche Fragen stellen, die mit dem Arbeitsplatz oder der künftigen Tätigkeit im Zusammenhang stehen. Nach der Rechtsprechung des Bundesarbeitsgerichts sind nur solche Fragen des Arbeitgebers zulässig, an deren Beantwortung im Hinblick auf die zu besetzende Stelle ein berechtigtes Interesse besteht. Nur solche Fragen müssen Sie als Bewerberin wahrheitsgemäß beantworten. Fragen, die Ihr Persönlichkeitsrecht in unzulässiger Weise verletzen, darf der Arbeitgeber nicht stellen. In einem solchen Fall dürfen Sie getrost lügen.

Zulässige Fragen:
Hierzu gehören auf jeden Fall Fragen nach Ihrem beruflichen Werdegang, also z. B. nach der Ausbildung, den Zeugnis- und Prüfungsnoten, besonderen Kenntnissen, Berufserfahrungen oder sonstigen Fertigkeiten. Ebenso uneingeschränkt zulässig ist die Frage nach einer etwaig bestehenden Schwerbehinderung oder Gleichstellung. Eine Schwerbehinderung liegt vor, wenn die Erwerbsfähigkeit um mindestens 50 % gemindert ist.

Unzulässige Fragen:

Der Arbeitgeber ist nicht berechtigt, danach zu fragen, ob Sie beabsichtigen zu heiraten oder ob Sie empfängnisverhütende Mittel anwenden. Ebensowenig darf er Sie fragen, ob und wann Sie einmal Kinder haben möchten. Unzulässig ist grundsätzlich die Frage nach einer bestehenden Schwangerschaft. Der Europäische Gerichtshof hat 1990 festgestellt, daß diese Frage sogar dann unzulässig ist, wenn sich ausschließlich Frauen für einen Arbeitsplatz bewerben. Dieser Rechtsprechung folgt seit 1992 auch das Bundesarbeitsgericht (BAG, Az.: 2 AZR 227/92). Ausnahmsweise darf eine Bewerberin in bestimmten Fällen nach einer Schwangerschaft gefragt werden, wenn die Schwangerschaft eine Tätigkeit der Bewerberin unmöglich machen würde (z. B. als Mannequin). Den Arbeitgeber geht es auch nichts an, welche Hobbys, Reiseziele oder sonstigen privaten Aktivitäten Sie bevorzugen.

Grundsätzlich ist ebenso die Frage nach Ihrer Religion, einer Partei- oder Gewerkschaftszugehörigkeit unzulässig. Etwas anderes gilt nur, wenn Sie sich dort als Mitarbeiterin bewerben.

Sollten in dem Betrieb, bei dem Sie sich beworben haben, nicht alle Beschäftigten nach Tarifvertrag bezahlt werden, können Sie dem Arbeitgeber Ihre Gewerkschaftsmitgliedschaft ohne weiteres auch noch nach Abschluß des Arbeitsvertrages und am besten nach Eintritt des Kündigungsschutzes (mindestens sechs Monate Beschäftigung im Betrieb) mitteilen.

Der Arbeitgeber darf Sie nicht nach allen bereits durchgemachten Erkrankungen fragen. Sie müssen ihn lediglich über solche Krankheiten informieren, die einen Einfluß auf die auszuübende Tätigkeit haben könnten (z. B. chronische Sehnenscheidenentzündung bei einer Schreibkraft). Grundsätzlich unzulässig ist die Frage des Arbeitgebers nach einer etwaigen HIV-Infektion. Davon zu unterscheiden ist die Frage nach einer bereits vorliegenden Aids-Erkrankung. Da in diesem Fall in unterschiedlichen Abständen Krankheitsschübe auftreten, die die Leistungsfähigkeit immer stärker beeinträchtigen können, besteht das Risiko, daß ein Aids-kranker Arbeitnehmer seine Pflichten nicht vertragsgemäß erfüllen kann. Daher ist die Frage nach einer Aids-Erkrankung zulässig.

Auf die Frage nach Ihrem bisherigen Gehalt brauchen Sie nicht wahrheitsgemäß zu antworten. Nach der Rechtsprechung des Bundesarbeitsgerichts darf der Arbeitgeber nämlich seine Vergütungszusage nicht nach dem bisherigen Verdienst ausrichten. Wenn Sie jedoch Ihr bisheriges Gehalt als Mindestvergütung verlangen wollen, müssen Sie dem Arbeitgeber natürlich schon korrekte Angaben machen.

Nicht zulässig sind Fragen des Arbeitgebers nach Ihren Vermögensverhältnissen. Auf die Frage, ob Lohn- oder Gehaltspfändungen bestehen, müssen Sie nur wahrheitsgemäß antworten, wenn diese Art von Pfändungen zur Zeit gerade stattfinden. Frühere Pfändungen dürfen Sie getrost verschweigen.

Nach etwaigen Vorstrafen darf der Arbeitgeber nur fragen, wenn hierfür im Hinblick auf die künftige Tätigkeit ein berechtigtes Interesse besteht. Bewerben Sie sich also z. B. als Buchhalterin oder Kassiererin, müssen Sie sich Fragen nach Vorstrafen wegen Vermögensdelikten gefallen lassen. Sind die Fristen für die Löschung einer Vorstrafe abgelaufen und wird diese daher nicht mehr in das Führungszeugnis aufgenommen, dürfen Sie sich als straffrei bezeichnen. Übrigens darf ein Arbeitgeber nicht ohne weiteres die Vorlage eines polizeilichen Führungszeugnisses von Ihnen verlangen, weil darin gegebenenfalls mehr Angaben enthalten sein können, als der Arbeitgeber erfahren soll.

Zum Abschluß des Vorstellungsgesprächs wird in der Regel nach Ihren Gehaltsvorstellungen gefragt. Dieses Thema braucht Ihnen nicht peinlich zu sein. Wenn Sie von sich aus Ihre bisherige Arbeitsstelle verlassen wollen, möchten Sie sich schließlich auch finanziell verbessern. Deshalb ist eine Gehaltsvorstellung von ca. zehn bis zwanzig Prozent über Ihrem bisherigen Gehalt durchaus angemessen. Beachten Sie, daß hierbei stets um Brutto-Beträge verhandelt wird. Fragen Sie auf jeden Fall, wie viele Gehälter pro Jahr gezahlt werden.

Bei qualifizierteren Positionen wird in der Regel das Jahresgehalt ausgehandelt. Wichtig sind natürlich auch sämtliche Neben- und Sonderleistungen, die Ihnen gewährt werden.

Informationen über die derzeit geltenden Tarifgehälter erhalten Sie bei den zuständigen Gewerkschaften, Industrie- und Handelskammern oder sonstigen Berufsverbänden.

Zum Abschluß des Vorstellungsgesprächs sollten Sie fragen, bis zu welchem Termin mit einer Entscheidung über Ihre Einstellung zu rechnen ist.

Für ein Vorstellungsgespräch können Ihnen oftmals nicht unerhebliche Kosten entstehen. Das ist vor allem dann der Fall, wenn Sie sich in einer anderen Stadt vorstellen müssen. Ihre Aufwendungen für Fahrt-, Verpflegungs- und Unterbringungskosten muß Ihnen der Arbeitgeber in angemessener Höhe erstatten, wenn er Sie zur Vorstellung aufgefordert hat – unabhängig davon, ob das Arbeitsverhältnis später wirklich zustande kommt (§ 670 BGB). Von einer Aufforderung des Arbeitgebers ist rechtlich schon dann auszugehen, wenn Sie anbieten, sich persönlich vorzustellen, und der Arbeitgeber Ihnen hierfür einen Termin nennt. Etwas anderes gilt nur, wenn Ihnen der Arbeitgeber vorher ausdrücklich mitgeteilt hat, daß die Vorstellungskosten nicht erstattet werden oder daß ein Kostenersatz lediglich nach seinen Reisekostenrichtlinien erfolgt. Stellen Sie sich dagegen unaufgefordert vor, besteht für den Arbeitgeber überhaupt keine Pflicht zur Kostenerstattung.

Reisen Sie mit Ihrem eigenen Pkw an, können Sie die Fahrtkosten nach der geltenden steuerlichen Kilometerpauschale von z. Z. 52 Pfennig pro Kilometer ansetzen, und zwar für den Hin- und Rückweg. Flugkosten sind in der Regel nur in besonderen Einzelfällen erstattungsfähig, wenn etwa ein anderes Verkehrsmittel wegen der großen Reiseentfernung nicht zumutbar wäre und eine Position in der oberen Führungsebene zu besetzen ist.

Übrigens können Sie auch gegenüber dem Arbeitsamt einen Zuschuß zu Vorstellungskosten geltend machen. Erkundigen Sie sich diesbezüglich bei Ihrem zuständigen Arbeitsamt.

Ist Ihr bisheriges Arbeitsverhältnis bereits gekündigt, muß Ihnen zur Stellensuche eine »angemessene Freizeit« gewährt werden (§ 629 BGB). Ihr Arbeitgeber ist verpflichtet, Ihnen etwa zwei bis drei Stunden oder auch einen ganzen Tag (wenn Sie sich in einer anderen Stadt vorstellen möchten) hierfür freizugeben. Wenn Sie mehrere Vorstellungsgespräche haben, muß er Sie auch öfter freistellen.

9. Was sollte im Arbeitsvertrag stehen?

Für den Abschluß eines Arbeitsvertrages gibt es in der Regel keine Formvorschriften. Daher muß ein Arbeitsvertrag nicht unbedingt schriftlich abgeschlossen werden (nur einige Tarifverträge fordern eine Schriftform). Auch mündliche Abmachungen sind wirksam. Das Problem bei einem lediglich mündlich geschlossenen Arbeitsvertrag ist jedoch die spätere Beweisbarkeit der Vereinbarungen. Wenn Sie also nicht wenigstens einen Zeugen beim Abschluß des Arbeitsvertrages dabeihaben, sollten Sie auf jeden Fall darauf bestehen, den Arbeitsvertrag schriftlich zu fixieren. Außerdem sollten Sie um eine Ausfertigung des Vertrages für Ihre Unterlagen bitten.

Sollten später mündlich zusätzliche Vereinbarungen zwischen Ihnen und dem Arbeitgeber getroffen werden, ist es ratsam, auch diese als Zusätze zum Arbeitsvertrag schriftlich festzuhalten. Anderenfalls kämen Sie im Falle einer späteren Auseinandersetzung – sofern keine Zeugen vorhanden sind – in arge Beweisnot.

Auch für den Inhalt eines Arbeitsvertrages gibt es keine bestimmten Vorschriften. Viele Arbeitgeber verwenden Musterarbeitsverträge ihrer Verbände. In diesem Fall können Sie in der Regel wenig Einfluß auf die Vertragsbedingungen nehmen. Meist geht es nur noch um die Höhe der Arbeitsvergütung.

Bessere Einflußmöglichkeiten haben Sie, wenn der Arbeitsvertrag zwischen Ihnen und dem Arbeitgeber frei ausgehandelt wird. Dabei sollten auf jeden Fall die folgenden Punkte angesprochen und im Vertrag schriftlich festgehalten werden:

- die genaue Beschreibung der künftigen Tätigkeit sowie der Beginn des Arbeitsverhältnisses;
- die Anwendung der für die Branche geltenden Tarifverträge (enthalten eine Beschreibung der Arbeitsbedingungen und arbeitsrechtlichen Mindestschutz);
- die Arbeitszeit sowie gegebenenfalls eine Überstundenregelung;
- Lohn/Gehalt mit eventuellen Sonderleistungen (z. B. 13./14. Gehalt, Weihnachtsgeld, Urlaubsgeld, Vermögensbildung, Altersversorgung, Fahrgeld, Essenszuschuß) sowie die Zahlweise;
- der Urlaubsanspruch (eventuelle Betriebsferien);
- die Regelung einer Probezeit;
- gegebenenfalls die Erstattung der Umzugskosten bei Einstellung bei einem auswärtigen Unternehmen;
- Fristen zur Beendigung des Arbeitsverhältnisses.

Neben den Vereinbarungen im Arbeitsvertrag können einem Arbeitnehmer auch weitere Ansprüche aus sog. betrieblicher Übung entstehen. Hierunter sind freiwillige Leistungen des Arbeitgebers zu verstehen, die den Arbeitnehmern über mehrere Jahre hinweg und ohne zeitliche Einschränkung gewährt wurden. Von einer betrieblichen Übung kann ausgegangen werden, wenn Ihr Arbeitgeber mindestens drei Jahre hintereinander eine freiwillige Leistung (z. B. eine Weihnachtsgratifikation) erbracht hat. Es kann dann jeder Mitarbeiter des Betriebes unter Berufung auf die betriebliche Übung diese Leistung beanspruchen. Der Arbeitgeber kann den Anspruch auf eine Leistung aufgrund betrieblicher Übung nur im Wege einer sog. Änderungskündigung abwehren (vgl. Kapitel 31.3).

10. Welche Wirkung haben Tarifverträge?

In Tarifverträgen werden für bestimmte Berufe und Wirtschafts-
zweige die Arbeits- und Wirtschaftsbedingungen (z. B. Lohn/Ge-
halt, Arbeitszeit, Kündigungsfristen, Urlaubsanspruch) besonders
geregelt. Auf diese Weise werden für ganze Berufszweige Arbeitsbedingungen sowie arbeitsrechtlicher Mindestschutz verbindlich
zwischen den Tarifparteien festgelegt. Tarifpartner sind auf der
einen Seite die Gewerkschaften als Interessenvertreter der Arbeitnehmer und auf der anderen Seite die Arbeitgeberverbände (bzw.
einzelne Arbeitgeber).

Ein Tarifvertrag findet auf ein Arbeitsverhältnis in der Regel nur
dann Anwendung, wenn dieses in den tariflichen Geltungsbereich
fällt und Arbeitgeber sowie Arbeitnehmer tarifgebunden sind. Ein
Arbeitnehmer kann sich auf einen Tarifvertrag stützen, wenn er
Mitglied der zuständigen Gewerkschaft ist und bei einem Arbeitgeber arbeitet, der den Tarifvertrag entweder selbst oder durch
seinen Arbeitgeberverband abgeschlossen hat.

Eine Tarifbindung kann auch für nichtorganisierte Parteien eines Arbeitsvertrages vorliegen, wenn etwa das Bundesarbeitsmi-
nisterium, das Landesarbeits- oder Landessozialministerium einen
Tarifvertrag für allgemeinverbindlich erklärt hat. Meist handelt es
sich jedoch nur um solche Tarifverträge, die lediglich die Arbeitsbedingungen und nicht den Lohn oder das Gehalt bestimmen. Daß
Lohntarifverträge für allgemeinverbindlich erklärt werden,
kommt dagegen eher selten vor. Ob und welche Tarifverträge
gegebenenfalls für Ihren Berufszweig gelten, können Sie bei den
zuständigen Gewerkschaften, Arbeitgeberverbänden sowie Ihrem

Landesarbeits- bzw. Landessozialministerium erfragen (Adressen im Anhang).

In der Praxis ist es auch üblich, die Anwendung eines Tarifvertrages unabhängig von einer Tarifbindung der Vertragsparteien im Arbeitsvertrag festzulegen. Der Arbeitgeber erleichtert sich auf diese Weise die Personalverwaltung, und Sie als Arbeitnehmerin haben die Garantie, daß für Sie auf jeden Fall die tariflich ausgehandelten Mindestbedingungen gelten. Achten Sie auch hierbei aus Beweisgründen unbedingt auf eine schriftliche Übernahme des Tarifvertrages in seiner jeweils geltenden Fassung.

Übrigens ist jeder Arbeitgeber verpflichtet, die für seinen Betrieb geltenden Tarifverträge an einer geeigneten Stelle im Betrieb zur Einsicht auszulegen. Selbstverständlich können Sie sich hierüber auch bei Ihrer zuständigen Gewerkschaft informieren.

In fast allen Tarifverträgen sind sog. Ausschluß- oder Verfallklauseln festgelegt. Diese sollten Sie besonders gründlich lesen. Hierin sind nämlich Fristen geregelt, die Sie unbedingt einhalten müssen, wenn Ihnen bestimmte Ansprüche nicht verlorengehen sollen. Solche Ausschlußfristen gelten vor allem für Lohn- und Urlaubsansprüche. Je nach Tarifvertrag sind die Ausschluß- oder Verfallfristen unterschiedlich geregelt (zwischen sechs Wochen und sechs Monaten). Versäumen Sie eine Ausschlußfrist, haben Sie keine Möglichkeit mehr, Ihren Anspruch durchzusetzen. Das gilt auch, wenn Sie von Ihrem Anspruch erst nach Ablauf der Ausschlußfrist erfahren haben. Deshalb sollten Sie sich so früh wie möglich über die nach Ihrem Tarifvertrag geltenden Ausschluß- oder Verfallklauseln informieren, damit Ihnen später ein eventueller Anspruch gegen Ihren Arbeitgeber nicht wegen dieses Fristversäumnisses verlorengeht (vgl. auch Kapitel 35).

11. Welche Bedeutung haben Betriebs- oder Dienstvereinbarungen?

Betriebsvereinbarungen werden zwischen dem Arbeitgeber und dem Betriebsrat geschlossen und enthalten – ähnlich wie Tarifverträge – Regelungen über betriebliche oder betriebsverfassungsrechtliche Fragen sowie Bestimmungen über den Abschluß, den Inhalt oder die Beendigung von Arbeitsverhältnissen. Meist werden im Wege von Betriebsvereinbarungen die Arbeitszeit, der Urlaub, Fahr- und Essensgeld oder auch Gratifikationen festgelegt. Über Löhne und Gehälter sowie über solche Arbeitsbedingungen, die üblicherweise durch Tarifverträge geregelt werden, dürfen allerdings keine Betriebsvereinbarungen geschlossen werden.

Betriebsvereinbarungen gelten stets für alle Mitarbeiter eines Betriebes. Im öffentlichen Dienst heißen solche Regelungen Dienstvereinbarungen und werden zwischen der Dienststelle und dem Personalrat getroffen.

Betriebsvereinbarungen gelten immer nur für den jeweiligen Betrieb, für den sie abgeschlossen wurden. Damit Sie als Arbeitnehmerin nicht von unerwarteten betrieblichen Regelungen überrascht werden, sollten Sie sich möglichst frühzeitig über eventuell bestehende Betriebsvereinbarungen informieren. Diese sind nämlich unabdingbar und gelten daher zwingend für Ihr Arbeitsverhältnis.

Regelungen in Ihrem Arbeitsvertrag, die von Betriebsvereinbarungen abweichen, sind grundsätzlich nichtig. Es gilt jedoch folgende Ausnahme: Sollte die individuell vereinbarte Regelung im Arbeitsvertrag für den Arbeitnehmer günstiger sein, entfällt nach dem sog. Günstigkeitsprinzip die zwingende Wirkung der Betriebsvereinbarung.

Dagegen darf eine Betriebsvereinbarung vom zwingenden Gesetzesrecht weder zugunsten noch zum Nachteil eines Arbeitnehmers abweichen. Etwas anderes gilt nur für einseitig zwingendes Gesetzesrecht. Wurde also zugunsten der Arbeitnehmer eine abweichende Vereinbarung getroffen (z. B. eine Verlängerung der Mindestkündigungsfrist), ist die Betriebsvereinbarung wirksam.

Auch einen Tarifvertrag darf eine Betriebsvereinbarung grundsätzlich nur zugunsten der Arbeitnehmer abändern. Die günstigere Betriebsvereinbarung geht dann dem Tarifvertrag vor.

Gerade für Frauen kann eine Betriebsvereinbarung erhebliche Vorteile bringen. Im Gegensatz zu den nur unverbindlichen Förderrichtlinien kann auf diese Weise nämlich z. B. die Sicherung des Arbeitsplatzes nach Zeiten der Kindererziehung oder etwa die bevorzugte Besetzung qualifizierter Stellen durch Frauen als einklagbarer Anspruch vereinbart werden. Frauen sollten sich daher besonders aktiv an der Betriebsrats- bzw. Personalratsarbeit beteiligen, um auf diese Weise stärker auf die Betriebspolitik und eine Förderung von Frauenrechten und -interessen Einfluß zu nehmen.

12. Die Probezeit

Die Ausgestaltung der Probezeit im Arbeitsvertrag darf nicht unterschätzt werden. Zu unterscheiden ist zwischen einem befristeten und einem unbefristeten Probearbeitsverhältnis.

Bei einem *befristeten* Probearbeitsverhältnis handelt es sich eigentlich um ein befristetes Arbeitsverhältnis, das grundsätzlich mit Ablauf der vereinbarten Dauer endet, wenn es nicht vorher verlängert oder zumindest mit Wissen des Arbeitgebers fortgesetzt wird. Schließen Sie also ein befristetes Arbeitsverhältnis auf Probe, ist damit noch nicht gesagt, daß nach Ablauf der Probezeit Ihr Arbeitsverhältnis fortgesetzt wird.

Während des befristeten Probearbeitsverhältnisses ist eine ordentliche Kündigung allerdings nur möglich, wenn dieses im Vertrag vereinbart wurde. Dagegen ist eine außerordentliche Kündigung aus wichtigem Grund jederzeit zulässig.

Im Gegensatz zu einem befristeten Probearbeitsverhältnis handelt es sich bei einem *unbefristeten* Probearbeitsverhältnis grundsätzlich um ein ganz normales Dauerarbeitsverhältnis, bei dem lediglich eine Probezeit vorgeschaltet ist. In der Regel heißt es im Arbeitsvertrag: »Die ersten ... Monate des Arbeitsverhältnisses gelten als Probezeit.«

Für die Dauer der Probezeit gibt es keine gesetzlichen Vorschriften. In Tarifverträgen wird die Probezeit durchschnittlich zwischen einem und drei Monaten bemessen.

Während der Probezeit bestehen für den Arbeitgeber und den Arbeitnehmer dieselben Rechte und Pflichten wie in einem Dauerarbeitsverhältnis.

Im Laufe der Probezeit kann das Arbeitsverhältnis nach dem neuen Kündigungsfristengesetz mit einer Frist von nur zwei Wochen im voraus gekündigt werden. Liegt ein Tarifvertrag vor, haben die dort festgelegten Bestimmungen Vorrang vor der gesetzlichen Kündigungsfrist.

Eine außerordentliche Kündigung wegen Leistungsmängeln ist in der Regel nicht zulässig – es sei denn, die Arbeitsfehler sind so schwerwiegend, daß keine geordnete Arbeitsleistung mehr möglich ist und die weitere Beschäftigung des Arbeitnehmers dem Arbeitgeber nicht mehr zugemutet werden kann. Der Arbeitgeber hat auch bei einer Kündigung während der Probezeit den Betriebsrat anzuhören (§ 102 BetrVG).

Bei der Vereinbarung einer Probezeit müssen Sie also unbedingt darauf achten, daß die Probezeit nicht lediglich als befristetes Arbeitsverhältnis geregelt wird. Sonst haben Sie nach Beendigung dieser befristeten Probezeit keinerlei Anspruch auf Fortsetzung des Arbeitsverhältnisses.

13. Der Gleichbehandlungsgrundsatz und das Diskriminierungsverbot

Gemäß Art. 3 GG sind Männer und Frauen gleichberechtigt. Hieraus ergibt sich auch, daß ein Arbeitgeber einen Arbeitnehmer nicht wegen seines Geschlechts benachteiligen darf – insbesondere bei der Einstellung, beim beruflichen Aufstieg, bei einer Weisung oder einer Kündigung (§ 611 a BGB).

Auch im Betriebsverfassungsgesetz (§ 75 Abs. 1 BetrVG) sind der Grundsatz der Gleichberechtigung von Männern und Frauen sowie das Benachteiligungsverbot festgelegt. Danach haben der Betriebsrat und der Arbeitgeber dafür zu sorgen, daß Männer und Frauen den gleichen Tariflohn, die gleichen Zulagen und die gleiche betriebliche Altersversorgung erhalten.

In der Realität kann jedoch von einer Gleichbehandlung von Männern und Frauen am Arbeitsplatz keine Rede sein. Im Durchschnitt verdienen Frauen immer noch etwa ein Drittel weniger als Männer. Oftmals werden Frauen mit der Begründung in die unteren Lohngruppen eingestuft, daß es sich um körperlich leichte Arbeit handele (sog. Leichtlohngruppen). Über das Problem der Lohndiskriminierung erfahren Sie mehr in Kapitel 14.

Häufig werden Frauen schon bei der Bewerbung um einen Arbeitsplatz benachteiligt, was jedoch im Einzelfall nur schwer nachzuweisen ist. Schließlich wird kaum ein Arbeitgeber auf die Nachfrage einer Bewerberin, aus welchen Gründen sie nicht eingestellt wurde, wahrheitsgemäß antworten, daß die ausgeschriebene Stelle nur mit Männern besetzt werden sollte, weil dieses im Betrieb seit eh und je so üblich war. Meist wird die Ablehnung einer Bewerberin damit gerechtfertigt, daß der männliche Bewerber besser qualifiziert gewesen sei oder die Arbeit z. B. besondere körperliche Kraft erfordere, die von einer Frau nicht erbracht werden könne.

Was die Qualifikation eines Bewerbers angeht, so müßten Sie im Falle einer Anfechtung der Einstellungsentscheidung zumindest eindeutige Anhaltspunkte vorbringen können, daß der eingestellte männliche Bewerber weniger qualifiziert ist als Sie. Werden Ihnen von dem Arbeitgeber bestimmte Fähigkeiten von vornherein abgesprochen, nur weil Sie eine Frau sind, dürfte darin auf jeden Fall eine Diskriminierung zu erblicken sein, die Sie im Rechtsweg anfechten können.

Gemäß § 611 a Abs. 1, Satz 3 BGB müssen Sie in Fällen, in denen zumindest Anhaltspunkte für eine Diskriminierung vorhanden sind, lediglich die Tatsachen glaubhaft machen, die eine geschlechtsbezogene Benachteiligung vermuten lassen. Im Wege der sog. Beweislastumkehr muß der Arbeitgeber dann beweisen, daß die Ungleichbehandlung auf nicht geschlechtsbezogenen Gründen beruht. Das wäre eigentlich nur der Fall, wenn die Stelle aufgrund gesetzlicher Schranken (z. B. Arbeitsschutzbestimmungen) nicht mit einer Frau besetzt werden darf. Gelangt das Gericht zu der Überzeugung, daß Sie eine Arbeitsstelle nur deshalb nicht erhalten haben, weil Sie eine Frau sind, muß der Arbeitgeber Ihnen nicht nur die gesamten Bewerbungskosten (den sog. Vertrauensschaden) ersetzen. Er muß Ihnen darüber hinaus wegen der durch die Diskriminierung erlittenen Persönlichkeitsverletzungen außerdem ein angemessenes Schmerzensgeld zahlen. In der Regel beläuft sich dieses Schmerzensgeld auf einen Monatsverdienst. Es kann aber auch – je nach Grad der Diskriminierung und des Verschuldens des Arbeitgebers – um einiges höher ausfallen.

Eine Schadensersatzpflicht des Arbeitgebers besteht natürlich auch, wenn Sie aufgrund Ihres Geschlechts bei einer Beförderung übergangen wurden. Wegen der oben beschriebenen Schwierigkeit, Schadensersatzansprüche wegen einer Diskriminierung juristisch stichhaltig zu begründen, sollten Sie sich auf jeden Fall kompetenten rechtlichen Rat und Beistand bei Ihrer Gewerkschaft oder einem/einer RechtsanwältIn holen. Adressen der Gewerkschaften finden Sie im Anhang.

Um zumindest eine Gleichstellung der Frauen mit den Männern im öffentlichen Dienst zu erreichen, haben inzwischen einige Bundesländer (z. B. Berlin, Nordrhein-Westfalen) Gleichstellungs- oder Anti-Diskriminierungsgesetze erlassen. Danach haben Frauen einen einklagbaren Grundanspruch auf bevorzugte Einstellung und Beförderung bei gleicher oder gleichwertiger Qualifikation. Gleichzeitig sehen diese Gesetze eine Verpflichtung zur Aufstellung von verbindlichen Frauenförderplänen vor.

Ob diese Anti-Diskriminierungsgesetze in der Praxis tatsächlich etwas gegen die Benachteiligung der Frauen im Berufsleben ausrichten können, ist allerdings umstritten. Von diesen Anti-Diskriminierungsgesetzen auf Landesebene können allenfalls einige wenige hochqualifizierte Frauen profitieren, denen hierdurch gegebenenfalls der Zugang zu höheren Positionen im öffentlichen Dienst erleichtert wird. Ob jedoch bei gleicher Qualifikation aufgrund dieser Gesetze stets eine Frau vorrangig eingestellt wird, dürfte mehr als fraglich sein. Schließlich sind die Begriffe »gleiche« oder »gleichwertige Qualifikation« auslegungsfähig. Außerdem wird eine Bewerberin kaum den Grad der Qualifikation ihrer Mitbewerber in Erfahrung bringen können.

Die bisherigen Anti-Diskriminierungsgesetze auf Landesebene können somit höchstens eine Vorreiterrolle spielen. Besonders in der Privatwirtschaft muß endlich begonnen werden, tatsächlich Frauenförderung zu betreiben. Einen Schritt in diese Richtung zeigt bereits das Berliner Anti-Diskriminierungsgesetz. Hiernach werden bei Aufträgen über 10 000 DM, die an private Betriebe vergeben werden, diejenigen Firmen bevorzugt, die einen Frauenförderplan verfolgen. Dagegen fallen solche Privatbetriebe, die geringfügig Beschäftigte einsetzen (hierbei handelt es sich in der Regel ausschließlich um Frauen), von vornherein für solche Aufträge aus.

Dies sind sicherlich begrüßenswerte Ansätze. Um den Abbau der Frauen-Diskriminierung im Arbeitsleben jedoch zügiger als bisher abzubauen, bedarf es dringend eines bundesweit geltenden Anti-Diskriminierungsgesetzes, in dem gleichzeitig die Quotierung von Frauen bei der Einstellung auf Arbeits- und Ausbildungsplätze sowie bei der Beförderung festgeschrieben wird. Aufgrund der eingefahrenen frauenbenachteiligenden Strukturen im Berufsleben dürfte hierin zunächst die einzige Chance liegen, ein Stück Gleichberechtigung zu erringen.

14. Gleicher Lohn für gleiche Arbeit!

Diese Forderung nach Lohngleichheit bei Männern und Frauen sollte inzwischen eine Selbstverständlichkeit geworden sein. Doch die Realität sieht anders aus. Wie schon vor dreißig Jahren verdienen Frauen durchschnittlich etwa ein Drittel weniger als Männer. Daran hat bisher auch der Lohngleichheitssatz des § 612 Abs. 3 BGB nichts ändern können, der 1980 in das Bürgerliche Gesetzbuch eingefügt wurde. Danach darf in einem Arbeitsverhältnis für gleiche oder gleichwertige Arbeit nicht wegen des Geschlechts des Arbeitnehmers eine geringere Vergütung vereinbart werden als bei einem Arbeitnehmer des anderen Geschlechts. Von gleicher Arbeit kann dann gesprochen werden, wenn gleichartige Arbeitsvorgänge auf verschiedenen Arbeitsplätzen durchgeführt werden. Gleichwertig sind grundsätzlich Arbeiten, die denselben Arbeitswert haben.

In der Praxis zeigt sich die Lohndiskriminierung der Frauen allerdings auf vielfältige Weise, z. B. in Form einer niedrigeren Eingruppierung von Frauen in Lohn- und Gehaltsstufen, von Sonderzahlungen und Vergünstigungen für Männer, durch unterschiedliche Bezahlung von Überstunden bei Vollzeit- und bei Teilzeitarbeit, durch übertarifliche Zulagen für Männer oder auch in niedrigeren Anwartschaften für Frauen in der Altersversorgung.

Sogar viele Tarifverträge beinhalten nach wie vor frauenbenachteiligende Lohnklauseln. Als Beispiel seien die immer noch existierenden Leichtlohngruppen genannt. Die niedrigere Bezahlung der Frauen wird dabei damit begründet, daß es sich lediglich um körperlich leichte Arbeit handele. Das Bundesarbeitsgericht hat die Eingruppierung nach leichterer und schwererer Arbeit bisher nicht als diskriminierend angesehen und dies, obwohl es aufgrund der heute veränderten Arbeitsbedingungen wohl kaum noch wirklich schwere körperliche Arbeit gibt. Außerdem müßte bei der Lohneinstufung berücksichtigt werden, daß gerade jene Arbeiten, die häufig von Frauen ausgeübt werden, besonders Fingerfertigkeit und Schnelligkeit erfordern sowie obendrein meist noch äußerst monoton sind. Allein aufgrund dieser Tatsache müßte den Frauen eher eine Zulage zustehen.

Erfreulicherweise hat sich inzwischen der Europäische Gerichtshof mit dem Problem der Leichtlohngruppen beschäftigt und festgestellt, daß etwa eine 8-Stunden-Fließbandarbeit, bei der die Arbeiterinnen lediglich etwas verrücken müssen und die bisher nur als leichte Arbeit eingestuft wurde, wegen der Monotonie möglicherweise als genauso schwer anzusehen ist wie eine Arbeit, bei der Männer irgend etwas tragen müssen. Der Europäische Gerichtshof hat weiter ausgeführt, daß Männer und Frauen in einem Entgeltsystem im Prinzip die gleichen Chancen haben müssen. Das bedeutet, wenn also zugunsten der Männer das Bewertungskriterium Muskelkraft positiv bewertet wird, muß zum Ausgleich für die Frauen ebenfalls ein spezielles Kriterium, z. B. Fingerfertigkeit, bei der Lohnbewertung begünstigend berücksichtigt werden.

Schwierig dürfte es in den meisten Fällen sein, im Betrieb nachzuweisen, daß Männer für eine im Prinzip gleiche Tätigkeit besser bezahlt werden. Das gilt vor allem für Betriebe, in denen keine Tarifbindung besteht oder noch nicht einmal ein Betriebsrat vorhanden ist. In diesen Fällen wird die Arbeitsvergütung ja in der Regel einzelvertraglich zwischen Arbeitgeber und Arbeitnehmer festgelegt. In vielen Betrieben wagen die Arbeitnehmer sogar noch nicht einmal, über ihre Entlohnung zu sprechen. Hier heißt es gerade für Frauen, Pionierarbeit zu leisten, sich bei Anzeichen für eine Lohndiskriminierung zusammenzutun und zu versuchen, Licht in das Dunkel zu bringen. Dabei ist der Grundsatz »Gemeinsam sind wir stark!« besonders ernst zu nehmen. Denn bei einem

Alleingang gegen Lohndiskriminierung in Ihrem Betrieb können Sie leicht ins Abseits geraten.

In Unternehmen, die einen Betriebsrat haben, sollten Frauen versuchen, sich dort besonders zu engagieren. Schließlich ist der Betriebsrat verpflichtet, sich für Lohngleichheit im Betrieb einzusetzen. Dasselbe gilt natürlich auch für den Personalrat im öffentlichen Dienst.

Unterstützung gegen Lohndiskriminierung können Sie auch bei Ihrer zuständigen Frauengleichstellungsstelle erhalten (Adressen finden Sie im Anhang).

Können Sie im Wege betriebsinterner Verhandlungen keine Lohnanpassung erzielen, sollten Sie sich nicht scheuen, Ihren gerechten Lohn beim Arbeitsgericht einzuklagen. Hierbei kommt Ihnen ebenfalls wieder die günstige Beweislastregel zugute, daß Sie nur die Tatsachen glaubhaft machen müssen, die eine Benachteiligung wegen Ihres Geschlechts vermuten lassen. Anzeichen für einen Verstoß gegen den Lohngleichheitssatz können z. B. in folgenden Fällen gesehen werden:

- wenn der Arbeitgeber mit einem männlichen Arbeitnehmer eine andere Lohnvereinbarung geschlossen hat als mit weiblichen Arbeitnehmern, obwohl alle die gleiche oder eine gleichwertige Arbeit leisten;
- wenn männliche Arbeitnehmer in eine höhere Tariflohngruppe eingruppiert wurden als die nach den tariflichen Eingruppierungsmerkmalen zur gleichen Gruppe gehörenden weiblichen Arbeitnehmer;
- wenn Zulagen nur an solche Tariflohngruppen gezahlt werden, in denen mehrheitlich männliche Arbeitnehmer beschäftigt sind.

Können Sie in Ihrer Klage solche Hinweise auf eine Ungleichbehandlung glaubhaft darlegen, muß der Arbeitgeber im Prozeß seinerseits beweisen, daß keine geschlechtsspezifischen, sondern andere, sachbezogene Gründe für die unterschiedliche Entlohnung vorliegen. Gelingt dem Arbeitgeber dieser Nachweis nicht, haben Sie künftig einen Anspruch auf den gleichen Lohn wie die Männer. Außerdem können Sie den Betrag nachfordern, der Ihnen bisher zu Unrecht vorenthalten wurde.

Vor Einreichung einer Klage beim Arbeitsgericht sollten Sie sich aber auf jeden Fall entweder bei Ihrer Gewerkschaft oder einem/einer RechtsanwältIn fachkundig beraten lassen. Eine Beratung bei der Gewerkschaft ist allerdings nur möglich, wenn Sie Mitglied sind. Adressen von Gewerkschaften sind im Anhang abgedruckt.

Ihr/e RechtsanwältIn wird Sie – je nach Ihren finanziellen Verhältnissen – auch über die Möglichkeiten einer Prozeßkostenhilfe aufklären (vgl. Kapitel 34).

15. Arbeitszeitgrenzen und Überstunden

Die tägliche bzw. wöchentliche Arbeitszeit ergibt sich entweder aus dem für Ihr Beschäftigungsverhältnis geltenden Tarifvertrag oder aus Ihrem Arbeitsvertrag. In der Regel sind sieben bis acht Stunden täglich sowie 36 bis 38 Stunden wöchentlich üblich. Die Arbeitszeitordnung aus dem Jahr 1938, wonach ein Arbeitstag bis zu acht Stunden und die Wochenarbeitszeit 48 Stunden nicht überschreiten dürfen, hat heute praktisch aufgrund der tatsächlich viel kürzeren Arbeitszeiten ihre Bedeutung verloren. Allerdings gibt es in der Arbeitszeitordnung einige für Frauen wichtige Schutzvorschriften, die in der Praxis leider nicht immer eingehalten werden. So darf die tägliche Arbeitszeit für Frauen auf keinen Fall länger als maximal zehn Stunden dauern. Diese Höchstgrenze darf auch nicht durch Überstunden überschritten werden.

Nach der Arbeitszeitordnung dürfen auch Reinigungs-, Instandhaltungs- bzw. Aufräumarbeiten sowie das Zuendebedienen der Kundschaft die tägliche für den Betrieb festgelegte Arbeitszeit nicht mehr als eine Stunde verlängern.

Wie die Arbeitszeit sind in der Regel auch die Pausen im Arbeitsvertrag bzw. im Wege einer Betriebsvereinbarung geregelt. Für Frauen gibt es sogar besondere gesetzliche Pausenregelungen. Grundsätzlich haben Frauen danach schon nach kürzerer Arbeitszeit als die Männer einen Anspruch auf Pause. Außerdem müssen bei längerer Arbeitszeit die Ruhepausen länger dauern als für Männer.

Arbeitnehmerinnen, die das 18. Lebensjahr vollendet haben, können bei einer Arbeitszeit von mehr als 4,5 bis sechs Stunden eine Pause von 20 Minuten beanspruchen, bei einer Arbeitszeit von mehr als sechs bis acht Stunden von 30 Minuten und bei einer Arbeitszeit von mehr als acht Stunden von 45 Minuten.

Für Jugendliche bis zum 18. Lebensjahr gelten dagegen folgende verlängerte Pausenzeiten: bei einer Arbeitszeit von mehr als 4,5 bis sechs Stunden 30 Minuten Pause sowie bei einer Arbeitszeit von mehr als sechs bis acht Stunden und länger 60 Minuten Pause.

Besondere Schutzvorschriften gibt es ebenfalls für die Arbeit an Sonn- und Feiertagen. Hier darf die Arbeitszeit von Frauen an Tagen vor Sonn- und Feiertagen in der Regel nicht länger als acht Stunden dauern. Ausnahmen sind allerdings im Dienstleistungsgewerbe zulässig. Weitere Informationen hierüber können Sie bei Ihrem zuständigen Gewerbeaufsichtsamt erhalten.

Außerdem dürfen Arbeiterinnen an Tagen vor Sonn- und Feiertagen nicht länger als bis 17 Uhr tätig sein.

Sonn- und Feiertagsarbeit selbst ist von Gesetzes wegen lediglich in bestimmten Beschäftigungsbereichen zulässig (z. B. Gastronomie, Krankenhäuser). Darüber hinaus kann Sonn- und Feiertagsarbeit auch im Tarifvertrag, Arbeitsvertrag oder einer Betriebsvereinbarung geregelt sein. Dabei dürfen aber auf keinen Fall die oben genannten Schutzvorschriften für Frauen außer acht gelassen werden. Alleinerziehende Frauen mit Kindern unter 14 Jahren können sich nach der Freizeitanordnung von 1943 von Sonn- und Feiertagsarbeit freistellen lassen. Eine Ausnahme hiervon gilt allerdings in den Bereichen, in denen Sonntagsarbeit üblich ist. Hier besteht ein Freistellungsanspruch nur, wenn für die Sonntagsarbeit kein freier Ausgleichstag während der Woche gewährt wird.

In der Regel sind in den Tarifverträgen für Sonn- und Feiertagsarbeit Lohnzuschläge (mindestens 50 Prozent) festgelegt. Üblich ist auch die Gewährung von Frei- und Ausgleichstagen. Sollte der Betrieb, in dem Sie arbeiten, nicht tarifgebunden sein, sollten Sie unbedingt darauf achten, daß bezüglich der Sonn- und Feiertagszuschläge sowie der Ausgleichstage eine entsprechende Regelung in Ihren Arbeitsvertrag aufgenommen wird. Möglicherweise gibt es ja auch eine betriebliche Übung, auf die Sie sich ebenfalls berufen können.

Ein weiteres Problem stellte die Nachtarbeit dar, deren Verbot für Arbeiterinnen mit dem Urteil des Bundesverfassungsgerichts vom 28. Januar 1992 aufgehoben wurde. Gleichzeitig hat das Gericht dem Gesetzgeber aufgegeben, Vorschriften zu schaffen, die den Schutz der Arbeitnehmer vor gesundheitlichen Schäden durch Nachtarbeit gewährleisten. Solange dieses neue Gesetz aber noch nicht vorliegt, darf nun auch Arbeiterinnen Nachtarbeit angeboten werden. Allerdings muß der Betriebsrat bzw. Personalrat hierzu seine Zustimmung erteilen. Wird diese Zustimmung versagt, darf Nachtarbeit nicht geleistet werden, selbst wenn diese vertraglich vereinbart wurde.

Ebensowenig ist die Umsetzung einer Arbeitnehmerin ohne deren Einwilligung in die Nachtschicht möglich. Dies ist sogar dann unzulässig, wenn der Betriebs- bzw. Personalrat der Umsetzung zugestimmt hat. Der Arbeitgeber könnte der Arbeitnehmerin allenfalls eine Änderungskündigung aussprechen, um sie auf diese Weise in die Nachtschicht zu »zwingen«. Wie Sie auf eine solche Änderungskündigung am besten reagieren können, erfahren Sie in Kapitel 31.3.

Für alleinerziehende Frauen bringt im Falle einer anstehenden Nachtarbeit auch die Freizeitanordnung von 1943 Vorteile. Wenn Sie nämlich ein Kind unter 14 Jahren ohne die Mithilfe Dritter (z. B. Verwandte, Lebenspartner) zu betreuen haben, können Sie sich ganz oder vorübergehend von Nachtarbeit freistellen lassen. Laut Gesetz dürfen Frauen, die diese Regelung anwenden, nicht in anderen Angelegenheiten des Betriebes benachteiligt werden. Weitere Informationen über die Zulässigkeitsvoraussetzungen von Nachtarbeit sowie über weitere Schutzvorschriften erhalten Sie bei Ihrem zuständigen Gewerbeaufsichtsamt.

Da ArbeitnehmerInnen grundsätzlich nur verpflichtet sind, ihre Arbeitsleistung im Rahmen der vertraglich festgelegten Zeit zu erbringen, darf der Arbeitgeber Überstunden in der Regel nur dann anordnen, wenn eine Überstundenarbeit im Arbeitsvertrag ausdrücklich für dringende Fälle vereinbart wurde oder im Tarifvertrag eine solche Regelung enthalten ist.

Außerdem sind ArbeitnehmerInnen in Notfällen verpflichtet, Überstunden zu leisten, wenn auf andere Weise ein Schaden vom Arbeitgeber nicht abgewendet werden kann (z. B. Lebensmittel verderben).

Auch wenn im Arbeitsvertrag eine Überstundenregelung enthalten ist, darf der Arbeitgeber eine solche Mehrarbeit nur nach billigem Ermessen verlangen. Darüber hinaus müssen bei der Anordnung von Überstunden ebenso die Interessen der ArbeitnehmerIn berücksichtigt werden. Gibt es in Ihrem Betrieb einen Betriebs- oder Personalrat, muß dieser der Überstundenanordnung zugestimmt haben. Liegt eine solche Zustimmung nicht vor, können Sie Überstunden getrost verweigern.

Durch Überstunden dürfen auf keinen Fall Arbeitsschutzvorschriften verletzt werden. So gilt auch hier unbedingt die tägliche Höchstarbeitszeit nach der Arbeitszeitverordnung von zehn Stunden.

Gemäß § 612 BGB können Sie für geleistete Überstunden grundsätzlich eine zusätzliche Vergütung verlangen, sofern Ihr Arbeitsvertrag keine anderen Regelungen enthält. In der Regel werden Überstunden mit einem Zuschlag von 25 Prozent besonders vergütet oder aber durch entsprechende Freizeit ausgeglichen. Damit es bezüglich einer etwaigen Überstundenvergütung später keine Probleme gibt, sollten Sie bereits bei Abschluß des Arbeitsvertrages auf eine entsprechende Regelung achten. Gegebenenfalls können Sie sich auch auf eine sog. betriebliche Übung berufen, wenn anderen ArbeitnehmerInnen im Betrieb Überstundenzuschläge gewährt werden.

16. Mein Anspruch auf Erholungs- und Bildungsurlaub

Grundsätzlich hat jede/r ArbeitnehmerIn pro Kalenderjahr einen Anspruch auf einen bezahlten Erholungsurlaub. Dies gilt auch für Teilzeit- und geringfügig beschäftigte ArbeitnehmerInnen. Selbst wenn Sie nur ein Praktikum absolvieren oder als Studentin in den Semesterferien jobben, können Sie zumindest einen anteiligen Urlaubsanspruch geltend machen.

Die Urlaubsdauer sollte – sofern sie nicht tarifvertraglich festgelegt ist – in Ihrem Arbeitsvertrag geregelt sein. In den meisten Tarifverträgen ist der Jahresurlaub zwischen fünf bis sechs Wochen festgelegt.

Sollte in Ihrem Arbeitsvertrag keine Urlaubsregelung enthalten sein, gilt das Bundesurlaubsgesetz. Danach können Sie jährlich einen Mindesturlaub von 18 Werktagen beanspruchen. Hierunter sind 15 Arbeitstage zu verstehen, weil die Samstage nicht mitgerechnet werden dürfen. Wenn Sie schwerbehindert sind, können Sie außerdem nach dem Schwerbehindertengesetz noch weitere fünf Urlaubstage pro Jahr geltend machen.

Voraussetzung für den vollen Urlaubsanspruch ist allerdings, daß Sie bereits mindestens sechs Monate im Betrieb beschäftigt sind. In diesem Fall steht Ihnen der volle Jahresurlaub in der Regel sogar dann zu, wenn Ihr Arbeitsverhältnis in der zweiten Hälfte des Urlaubsjahres endet (nach einigen Tarifverträgen wird hier nur anteiliger Urlaub gewährt).

Haben Sie im laufenden Kalenderjahr noch keine sechs Monate gearbeitet, bekommen Sie nur einen anteiligen Urlaub. Dieser berechnet sich nach den vollen Beschäftigungsmonaten. Haben

Sie also z. B. 3 1/2 Monate im Kalenderjahr gearbeitet, dann stehen Ihnen drei Zwölftel des vollen Jahresurlaubs zu. Der anteilige Urlaub muß Ihnen übrigens auch gewährt werden, wenn Sie insgesamt weniger als sechs Monate in einem Betrieb beschäftigt waren (z. B. als Aushilfe). In diesem Fall wird der anteilige Urlaub nicht nach den vollen Kalendermonaten, sondern nach der tatsächlichen Beschäftigungsdauer berechnet. Dauerte Ihr Arbeitsverhältnis also z. B. vom 8. März bis zum 15. Juli, dann haben Sie Anspruch auf vier Zwölftel des vollen Jahresurlaubs.

Waren Sie in einem Betrieb über sechs Monate beschäftigt und endet Ihr Arbeitsverhältnis bis zum 30. Juni eines Kalenderjahrs, dann können Sie ebenfalls nur einen anteiligen Urlaub beanspruchen.

Die zeitliche Urlaubsregelung steht im Ermessen des Arbeitgebers. Dieser ist jedoch grundsätzlich verpflichtet, die Wünsche der ArbeitnehmerInnen bei der Aufstellung des Urlaubsplans zu berücksichtigen. Von diesem Grundsatz darf der Arbeitgeber nur abweichen, wenn dringende betriebliche Gründe oder die sozialen Verhältnisse anderer ArbeitskollegInnen dies erfordern. So wird in der Regel ArbeitnehmerInnen mit schulpflichtigen Kindern der Urlaub vorrangig während der Ferienzeit gewährt.

Wurde Ihnen der Urlaub zeitlich bereits fest zugesagt, dürfen Sie zu diesem Termin auch Ihren Urlaub antreten. Eine Ausnahme gilt nur dann, wenn etwa ein betrieblicher Notfall eingetreten ist und Sie unbedingt gebraucht werden. Sie sind dann unter Umständen sogar verpflichtet, Ihren Urlaub abzubrechen, wenn der Chef Sie in einem solchen Sonderfall zurückbeordert. Allerdings müssen Ihnen dann die durch den mißglückten Urlaub entstandenen Kosten (z. B. für die Stornierung der Reise) vom Arbeitgeber ersetzt werden.

Ist Ihnen der Urlaub zu dem gewünschten Termin versagt worden und fahren Sie dennoch weg, darf der Arbeitgeber das Arbeitsverhältnis fristlos kündigen. Das wäre auch dann möglich, wenn Sie der Meinung sind, Ihr Chef habe Ihre Wünsche bei der Urlaubsplanung nicht angemessen berücksichtigt. Ehe Sie eine fristlose

Kündigung riskieren, sollten Sie sich in einem solchen Fall vorsichtshalber an das Arbeitsgericht wenden und dort Ihren Urlaubsanspruch abklären lassen. Wenn die Zeit vor Ihrem geplanten Urlaubsantritt knapp wird, können Sie hierfür auch eine einstweilige Verfügung beantragen. Am besten lassen Sie sich diesbezüglich von Ihrer zuständigen Gewerkschaft oder einem/einer RechtsanwältIn beraten.

Der Urlaub muß grundsätzlich während des jeweiligen Urlaubsjahres genommen werden. Anderenfalls erlischt Ihr Urlaubsanspruch mit dem Ende des Urlaubsjahres. Etwas anderes gilt nur, wenn Ihnen der Arbeitgeber keinen Urlaub gewährt hat oder Sie selbst aus bestimmten Gründen keinen Urlaub nehmen konnten (weil Sie z. B. krank waren). In diesem Fall kann Ihr Urlaubsanspruch bis zum 31. März (im öffentlichen Dienst bis zum 30. April) des darauffolgenden Jahres übertragen werden. Nehmen Sie Ihren Urlaub in dieser Zeit auch nicht wahr, erlischt Ihr Urlaubsanspruch endgültig, es sei denn, Ihr Arbeitgeber hat Ihnen aus betrieblichen Gründen den Urlaub versagt. Dann verfällt Ihr Urlaubsanspruch erst am 31. Dezember des darauffolgenden Jahres.

Konnten Sie Ihren Urlaub bis zum 31. März bzw. 30. April des darauffolgenden Jahres wegen Ihres Erziehungsurlaubs nicht wahrnehmen, erlischt Ihr Urlaubsanspruch ebenfalls nicht. Insofern wird auf Kapitel 22 verwiesen.

Sind Sie im Urlaub krank geworden, dürfen die Krankheitszeiten nicht auf Ihren Urlaubsanspruch angerechnet werden. Lassen Sie sich deshalb die Krankheitstage während Ihres Urlaubs attestieren, und legen Sie die Bescheinigung Ihrer Arbeitsunfähigkeit dem Arbeitgeber vor. Allerdings dürfen Sie die wegen Ihrer Krankheit entgangenen Urlaubstage nicht eigenmächtig an Ihren regulären Urlaub dranhängen, sonst riskieren Sie auch hier eine fristlose Kündigung. Rufen Sie am besten Ihren Arbeitgeber an, und fragen Sie ihn, ob er mit einer Verlängerung Ihres Urlaubs um die Zeit Ihrer Krankheit einverstanden ist.

Grundsätzlich darf Ihr Urlaub aufgrund Ihrer Erkrankung oder anderer Ausfallzeiten nicht verkürzt werden, und zwar auch dann nicht, wenn Sie das ganze Jahr über krank gewesen sein sollten. Nur wenn Sie Ihren Urlaub auch im darauffolgenden Jahr bis zum 31. März (30. April) wegen Krankheit nicht nehmen können, erlischt Ihr Urlaubsanspruch.

Für Frauen, die Erziehungsurlaub nehmen, gilt folgende Besonderheit: Für jeden vollen Kalendermonat des Erziehungsurlaubs kann der Jahresurlaub um ein Zwölftel gekürzt werden. Da es sich hierbei jedoch um eine sog. Kann-Vorschrift handelt, kann der Arbeitgeber Ihnen auch ohne weiteres den vollen Jahresurlaub gewähren. Ihren Erholungsurlaub können Sie vor oder nach Beendigung des Erziehungsurlaubs nehmen. Das kann dann auch nach dem 31. März (30. April) des darauffolgenden Jahres der Fall sein. Wenn Sie während Ihres Erziehungsurlaubs eine Teilzeittätigkeit ausüben, darf Ihr Arbeitgeber den Erholungsurlaub auf keinen Fall kürzen.

Werden Sie im Laufe eines Urlaubsjahres schwanger, dürfen Ihnen während der Schutzfrist von sechs Wochen vor und acht bzw. zwölf Wochen nach der Entbindung keine Urlaubstage abgezogen werden. Sie können Ihren vollen Jahresurlaub auch noch vor Beginn der Mutterschutzfrist in Anspruch nehmen.

Endet Ihr Arbeitsverhältnis, ohne daß Sie Ihren Urlaub ganz oder teilweise nehmen konnten, muß der Arbeitgeber Ihren bestehenden Urlaubsanspruch abgelten. Dies gilt allerdings nur dann, wenn Sie tatsächlich keine Möglichkeit mehr haben, Urlaub zu machen, weil Ihr Arbeitsverhältnis definitiv beendet ist. Eine finanzielle Abgeltung Ihres Urlaubsanspruchs kommt daher nur in den Fällen in Betracht, in denen entweder Sie oder Ihr Arbeitgeber das Arbeitsverhältnis fristlos gekündigt haben. Die Höhe der Urlaubsabgeltung bemißt sich nach dem Urlaubsentgelt. Dieses errechnet sich nach der Durchschnittsvergütung, die Sie in den letzten dreizehn Wochen vor Beginn des Urlaubs erhalten haben. Die Tagesvergütung errechnen Sie, indem Sie den Wochenlohn durch sechs bzw. den Monatslohn durch 26 dividieren.

Haben Sie vor Beendigung Ihres Arbeitsverhältnisses bereits Ihren vollen Urlaubsanspruch erhalten, können Sie von Ihrem neuen Arbeitgeber keinen weiteren Urlaub mehr verlangen. Wurde Ihnen bei Ihrer bisherigen Arbeitsstelle lediglich ein anteiliger Urlaub gewährt, können Sie bei Ihrem neuen Arbeitgeber einen weiteren anteiligen Urlaub geltend machen. Allerdings müssen Sie zuvor die oben beschriebene Wartezeit von sechs Monaten erfüllt haben. Wenn Sie in Ihrer alten Firma überhaupt keinen Urlaub hatten und bei Ihrem neuen Arbeitgeber während des Kalenderjahres mindestens sechs Monate beschäftigt waren, können Sie den vollen Jahresurlaub beanspruchen.

Vom Erholungsurlaub ist der sog. Bildungsurlaub zu unterscheiden, der ArbeitnehmerInnen und Auszubildenden in vielen Bundesländern zu gewähren ist. Nur in Baden-Württemberg, Bayern, Brandenburg, Mecklenburg-Vorpommern, Rheinland-Pfalz, Sachsen und Thüringen gibt es keinen Bildungsurlaub.

Pro Kalenderjahr dürfen Sie fünf Tage Bildungsurlaub nehmen. Ihr Arbeitgeber muß Ihnen während dieser Zeit den Lohn bzw. das Gehalt ungekürzt fortzahlen. Wenn Sie zur Berufsschule gehen, müssen Sie während dieser Zeit vom Unterricht freigestellt werden.

Der Bildungsurlaub soll in erster Linie der beruflichen Weiterbildung oder auch der politischen Bildung dienen. Es muß sich hierbei um eine Bildungsveranstaltung handeln, die durch das Landessozial- oder das Bildungsministerium als solche anerkannt ist. Informationen über die in Frage kommenden Veranstaltungen erhalten Sie bei diesen Ministerien.

Grundsätzlich müssen Sie die Kosten für solche Weiterbildungsmaßnahmen aus eigener Tasche bezahlen.

Bildungsurlaub können Sie erst beanspruchen, wenn Ihr Arbeits- oder Ausbildungsverhältnis mindestens seit sechs Monaten besteht. Ihren Arbeitgeber sollten Sie so früh wie möglich über Ihren Wunsch, für einen Bildungsurlaub freigestellt zu werden, unterrichten, spätestens jedoch sechs Wochen vor der Freistellung. Ihr Arbeitgeber darf die von Ihnen beantragte Freistellung nur dann ablehnen, wenn zwingende betriebliche Gründe (z. B. ein wichtiger Auftrag) oder Urlaubswünsche anderer ArbeitnehmerInnen, die unter sozialen Gesichtspunkten Vorrang genießen, Ihrem Anliegen entgegenstehen. Sollte Ihr Arbeitgeber Ihnen keinen Bildungsurlaub für den gewünschten Zeitraum gewähren, können Sie Ihren Anspruch entweder zu einem späteren Termin im laufenden Kalenderjahr geltend machen oder diesen auf das darauffolgende Jahr übertragen lassen. Im letzteren Fall können Sie dann sogar einen zweiwöchigen Bildungsurlaub machen.

17. Welche Freistellungs-
möglichkeiten gibt es?

Unter bestimmten Voraussetzungen können Sie bei Ihrem Arbeitgeber einen kurzen Sonderurlaub geltend machen. Es handelt sich
hierbei um eine bezahlte Freistellung von der Arbeit aus persönlichen Gründen (§ 616 BGB). Welche Hinderungsgründe im einzelnen einen Sonderurlaub rechtfertigen können, ist im Gesetz nicht
geregelt. In Tarifverträgen sowie in der Rechtsprechung der Arbeitsgerichte sind jedoch folgende familiäre Angelegenheiten als
Freistellungsgründe anerkannt:

- die Erkrankung oder der Tod eines Familienmitgliedes;
- die Hochzeit oder der Umzug des Arbeitnehmers.

Die Freistellung erfolgt in diesen Fällen in der Regel für einen bis
drei Tage.

Auf jeden Fall sollten Sie Ihren Sonderurlaub unter Benennung
des Freistellungsgrundes rechtzeitig bei Ihrem Arbeitgeber beantragen. Sie sind nämlich erst befugt, von der Arbeit fernzubleiben,
nachdem Ihr Arbeitgeber Ihnen den Sonderurlaub gewährt hat.
Anderenfalls besteht für Sie das Risiko einer fristlosen Kündigung.

Lehnt Ihr Arbeitgeber Ihren Freistellungswunsch ab, sollten Sie
regulären Urlaub geltend machen und Ihren Anspruch auf Sonderurlaub zu einem späteren Zeitpunkt klären.

Unter verschiedenen Voraussetzungen wird Frauen, die pro
Woche regelmäßig sechs Tage arbeiten und einen eigenen Haus-
stand versorgen, in den Bundesländern Bremen, Hamburg, Niedersachsen und Nordrhein-Westfalen pro Monat ein sog. Hausarbeits-

tag gewährt. Für Nordrhein-Westfalen gilt die Sonderregelung, daß ein Anspruch auf einen Hausarbeitstag bereits dann gegeben ist, wenn Sie an einem Sonntag im Monat arbeiten müssen. Voraussetzung ist jedoch, daß die wöchentliche Mindestarbeitszeit 40 bis 48 Stunden beträgt. Erkundigen Sie sich daher am besten bei Ihrer zuständigen Gewerkschaft bzw. bei Ihrem Betriebsrat, ob Sie einen monatlichen Hausarbeitstag beanspruchen können.

Beachten Sie, daß Sie Ihren Hausarbeitstag jeden Monat erneut beantragen müssen. Dies sollten Sie jeweils so früh wie möglich und sicherheitshalber schriftlich machen. Anderenfalls laufen Sie Gefahr, Ihren Anspruch auf einen Hausarbeitstag zu verlieren.

Wenn Ihr Kind krank ist und Sie niemanden haben, der es während Ihrer Arbeitszeit zu Hause versorgt, können Sie nach der Rechtsprechung des Bundesarbeitsgerichts kurzfristig zu Hause bleiben (BAG, Az.: 2 AZR 10/92). In diesem Fall handelt es sich um eine sog. Pflichtenkollision, die Ihr Fernbleiben von der Arbeit rechtfertigt. Allerdings müssen Sie Ihrem Arbeitgeber glaubhaft darlegen können, daß Sie alles Erdenkliche unternommen haben, um einen anderen Betreuer für Ihr krankes Kind zu finden. Über mehrere Tage hinweg werden Sie eine bezahlte Freistellung aus diesem Grunde daher kaum erreichen können. In diesem Fall können Sie allerdings von der seit dem 1. 1. 1992 geltenden Möglichkeit Gebrauch machen, sich gegen die Zahlung von Krankengeld von Ihrem Arbeitgeber freistellen zu lassen. Voraussetzung hierfür ist, daß das erkrankte Kind nicht älter als 11 Jahre ist und nicht durch eine andere im Haushalt lebende Person (z. B. Verwandte) versorgt werden kann. Außerdem muß ein Arzt attestieren, daß die Anwesenheit einer Pflegeperson zu Hause oder im Krankenhaus erforderlich ist.

Liegen diese Voraussetzungen vor, muß Ihr Arbeitgeber Sie für bis zu zehn Tagen zur Pflege Ihres kranken Kindes von der Arbeit freistellen. Für Alleinerziehende beträgt der Freistellungsanspruch sogar 20 Tage. Wechseln Sie sich mit Ihrem Ehepartner bei der Pflege des kranken Kindes ab, so hat jeder Ehepartner einen Anspruch auf Freistellung für jeweils zehn Tage.

Während der ersten fünf Tage ist Ihr Arbeitgeber verpflichtet, den Lohn bzw. das Gehalt weiter fortzuzahlen. Dies ergibt sich aus der Rechtsprechung des Bundesarbeitsgerichts (BAG, Az.: 5 AZR 361/78). Diesen Anspruch hat Ihr Ehepartner während der Betreuung des Kindes gleichermaßen.

Gleichzeitig besteht während der Freistellung ein Anspruch auf Krankengeld, den Sie bei Ihrer gesetzlichen Krankenkasse geltend machen können. Das Krankengeld ist allerdings niedriger als Ihr Lohn bzw. Ihr Gehalt. Für den Krankengeldanspruch ist übrigens nicht Voraussetzung, daß die Eltern des Kindes miteinander verheiratet sind. Somit können auch unverheiratete Lebenspartner, die gemeinsam mit ihrem Kind in einem Haushalt leben, diese Regelung in Anspruch nehmen.

Der Freistellungsanspruch sowie der Anspruch auf Lohnfortzahlung für die ersten fünf Tage sowie auf Krankengeldzahlung darf auch bei mehreren Kindern geltend gemacht werden. Allerdings dürfen 25 Arbeitstage im Jahr nicht überschritten werden. Bei Alleinerziehenden liegt die Freistellungsgrenze bei 50 Arbeitstagen.

Die Freistellung wegen der Betreuung eines kranken Kindes sollten Sie am besten schriftlich bei Ihrem Arbeitgeber beantragen. Gleichzeitig sollten Sie ein ärztliches Attest vorlegen, aus dem sich das Erfordernis der Pflege Ihres Kindes sowie die voraussichtliche Dauer der Betreuung ergibt. In diesem Schreiben sollten Sie auch Ihren Anspruch auf Lohn- bzw. Gehaltsfortzahlung geltend machen. Natürlich müssen Sie ebenfalls Ihre Krankenkasse über Ihre Freistellung informieren und die Pflegebedürftigkeit Ihres Kindes in Form eines ärztlichen Attestes belegen.

18. Was ist, wenn ich krank werde?

Wenn Sie aufgrund einer Erkrankung oder auch durch einen Unfall arbeitsunfähig werden, haben Sie gegen Ihren Arbeitgeber bis zu sechs Wochen einen Anspruch auf Lohnfortzahlung. Arbeitsunfähig krank ist, wem die Leistung seiner Arbeitspflichten bzw. Dienste unmöglich oder nicht zumutbar ist.

Einen Anspruch auf Lohnfortzahlung haben übrigens auch sog. geringfügig Beschäftigte.

Der Anspruch auf Lohnfortzahlung bei Krankheit besteht allerdings nur, wenn die Arbeitsunfähigkeit unverschuldet eingetreten ist. Ein Verschulden im juristischen Sinne ist dann gegeben, wenn ein gröblicher Verstoß gegen das von einem verständigen Menschen im eigenen Interesse zu erwartende Verhalten vorliegt. Dieses wäre z. B. anzunehmen, wenn Sie im Betrieb grob gegen Sicherheitsbestimmungen verstoßen und aufgrund dessen einen Arbeitsunfall erlitten haben, durch den Sie arbeitsunfähig wurden. Dagegen wird bei einem Sport- oder Verkehrsunfall in der Regel kein Verschulden angenommen. Dieses gilt auch für einen legal durchgeführten Schwangerschaftsabbruch oder eine Sterilisation.

Auch bei Suchtkrankheiten, wie etwa Alkohol- oder Drogenabhängigkeit, wird ein Verschulden grundsätzlich verneint. Etwas anderes kann höchstens bei einem Rückfall gelten.

Im Falle einer Erkrankung sind Sie stets verpflichtet, Ihren Arbeitgeber hierüber zu informieren. Dies kann telefonisch oder auch mündlich, so z. B. durch Verwandte oder KollegInnen, geschehen. Darüber hinaus müssen Sie Ihrem Arbeitgeber spätestens bis zum Ablauf des 3. Kalendertages nach Beginn Ihrer Erkrankung eine ärztliche Arbeitsunfähigkeitsbescheinigung vorlegen. Achten Sie darauf, daß in dieser Bescheinigung Ihre Arbeitsunfähigkeit seit dem 1. Krankheitstag attestiert wird.

Abweichungen von der Melderegel können sich gegebenenfalls aus Tarifverträgen oder auch aus dem Arbeitsvertrag ergeben. Dieses ist z. B. im öffentlichen Dienst der Fall, wo eine ärztliche Bescheinigung erst ab dem 3. Krankheitstag vorzulegen ist. Das heißt, bei leichteren Erkrankungen bis zu zwei Tagen brauchen Sie sich bei Ihrer Dienststelle nur krank zu melden. Erst am 3. Tag nach Ihrer Krankmeldung müssen Sie zum Arzt gehen und sich Ihre Arbeitsunfähigkeit bescheinigen lassen.

Zweifelt Ihr Arbeitgeber die Richtigkeit Ihrer Arbeitsunfähigkeitsbescheinigung an, muß er seine Gründe hierfür unter Beweis stellen. Das wäre z. B. der Fall, wenn er Sie bei einem Nebenjob erwischt. Der Arbeitgeber kann dann bei der Krankenkasse eine Begutachtung durch deren medizinischen Dienst beantragen. Dagegen sind Sie nicht verpflichtet, sich durch einen Betriebsarzt untersuchen zu lassen.

Vermutet Ihr Arbeitgeber, daß Sie Ihre Erkrankung möglicherweise selbst verschuldet haben, muß er dieses im Streitfalle nachweisen.

Vom Beginn Ihrer Arbeitsunfähigkeit an ist Ihr Arbeitgeber verpflichtet, Ihren Lohn bzw. Ihr Gehalt ungekürzt fortzuzahlen. Diesen Anspruch auf Lohnfortzahlung haben Sie übrigens auch dann, wenn Sie beispielsweise nach sechswöchiger Krankheit erneut erkranken. Auch in diesem Fall muß der Arbeitgeber zahlen. Das gilt selbst dann, wenn er Ihr Arbeitsverhältnis wegen oder während der Krankheit gekündigt hat. Sollte sich der Arbeitgeber allerdings weigern, die Lohnfortzahlung zu leisten, sollten Sie zunächst bei Ihrer Krankenkasse Krankengeld beantragen. Die Krankenkasse wendet sich dann von sich aus an den Arbeitgeber, wenn er die Lohnfortzahlung unberechtigterweise verweigert hat. In der Regel erstatten die Arbeitgeber danach auch den ArbeitnehmerInnen den das Krankengeld übersteigenden Unterschiedsbetrag. Auf diese Weise können Sie sich meist eine Lohnfortzahlungsklage ersparen.

In gleicher Weise sollten Sie auch verfahren, wenn der Arbeitgeber Ihren Lohn bzw. Ihr Gehalt mit der Begründung einbehält, daß Sie nicht tatsächlich krank seien. Auch in diesem Fall sollten Sie sich umgehend an Ihre Krankenkasse wenden und Krankengeld beantragen. Das Krankengeld beträgt in der Regel 80 % des Bruttoverdienstes und wird grundsätzlich ab der 6. Woche Ihrer Erkrankung von der Krankenkasse gezahlt.

Wenn Sie während Ihrer Schwangerschaft erkranken, besteht die Möglichkeit, sich statt der Arbeitsunfähigkeit ein sog. Beschäftigungsverbot nach dem Mutterschutzgesetz von Ihrem Arzt bescheinigen zu lassen. Voraussetzung hierfür ist, daß durch die Erkrankung Ihre Gesundheit oder die Schwangerschaft gefährdet ist. Gegenüber einer Krankschreibung wegen Arbeitsunfähigkeit ist das Beschäftigungsverbot während der Schwangerschaft für Sie günstiger, weil der Arbeitgeber im letzteren Fall nicht nur für sechs Wochen zur Lohnfortzahlung verpflichtet ist, sondern zeitlich unbegrenzt, das heißt also, gegebenenfalls sogar bis zur Beendigung der Schwangerschaft. Sie sollten Ihren Arzt daher stets auf diese Möglichkeit hin ansprechen.

Zum Arzt müssen Sie in der Regel außerhalb der Arbeitszeit gehen. Das gilt auf jeden Fall für planbare Arzttermine sowie für regelmäßige medizinische Anwendungen (z. B. Massagen, Krankengymnastik).

Erkranken Sie jedoch ganz plötzlich am Arbeitsplatz oder kann eine Untersuchung nur zu einer bestimmten Zeit vorgenommen werden, dürfen Sie den Arzt auch während der Arbeitszeit aufsuchen. Dasselbe gilt nach der Rechtsprechung des Bundesarbeitsgerichts übrigens auch, wenn die Arztpraxis nur während Ihrer Arbeitszeit geöffnet ist oder Ihr Arzt in der nächsten Zeit nur einen Termin während Ihrer Arbeitszeit frei hat. Darüber hinaus gibt es in einigen Tarifverträgen spezielle Regelungen für Arztbesuche, über die Sie sich in Ihrem Betrieb informieren sollten.

Ihr Chef darf nicht von Ihnen verlangen, einen an

aufzusuchen, der außerhalb Ihrer Arbeitszeit einen Termin für Sie hätte. Dieses Anliegen würde gegen Ihr Recht auf freie Arztwahl verstoßen.

Auf jeden Fall sollten Sie Ihren Arbeitgeber rechtzeitig von dem bevorstehenden Arztbesuch in Kenntnis setzen und ihm gegebenenfalls eine schriftliche Bescheinigung des Arztes vorlegen, aus der hervorgeht, daß der Arzttermin nur während Ihrer Arbeitszeit möglich ist. Ihr Arbeitgeber darf Ihnen wegen eines notwendigen Arzttermins während der Arbeitszeit weder kündigen noch das Gehalt kürzen. Sie sind auch nicht verpflichtet, die versäumte Arbeitszeit nachzuholen.

19. Wie kann ich mich gegen sexuelle Belästigungen wehren?

Nach wie vor stellt die sexuelle Belästigung am Arbeitsplatz für Frauen eines der größten Probleme dar. Es handelt sich hierbei um eine sexuelle Gewalterfahrung, die nicht nur die Seele kränkt und das Selbstvertrauen beeinträchtigt, sondern auch zu psychosomatischen Krankheitssymptomen (z. B. Schlaflosigkeit, Übelkeit, Nervosität, Kopfschmerzen) führen kann.

Sexuelle Belästigungen können auf sehr vielfältige Weise vorkommen, so etwa in Form von entwürdigenden Witzen und Bemerkungen über Frauen, sexuell gefärbten Gesten und Verhaltensweisen (z. B. Anstarren, Hinterherpfeifen), durch das Anbringen frauenfeindlicher Aufkleber und Poster bis hin zu massiven körperlichen Übergriffen und Berührungen. In jedem Fall handelt es sich um ein von den betroffenen Frauen unerwünschtes verbales oder nichtverbales Verhalten sexistischer Natur, durch das sie sich bedroht, erniedrigt oder beleidigt fühlen. Sexuelle Belästigungen am Arbeitsplatz können die Arbeitsleistung der betroffenen Frauen beeinträchtigen, die Anstellung der Betroffenen gefährden und im Betrieb eine unangenehme oder einschüchternde Atmosphäre schaffen.

Das Ausmaß sexueller Belästigungen am Arbeitsplatz ist erschreckend hoch. Nach der sog. Dortmunder Studie von 1990 haben 93 Prozent aller berufstätigen Frauen bereits in irgendeiner Weise sexuelle Belästigungen erlebt. 34 Prozent der Frauen haben schon mal am Arbeitsplatz einen Klaps auf den Po bekommen, 22 Prozent mußten sogar erleben, daß ihr Busen begrapscht wurde.

Oftmals spielt sich am Arbeitsplatz noch Schlimmeres ab. So

wurden zwölf Prozent der Frauen offen zum Geschlechtsverkehr aufgefordert und drei Prozent schließlich zu sexuellen Handlungen gezwungen. Häufig wird Frauen auch mit beruflichen Nachteilen gedroht, sofern sie sich nicht sexuell einlassen. So etwas mußten immerhin fünf Prozent der Befragten erfahren. Da viele Frauen sich schämen, über sexuelle Belästigungen überhaupt zu sprechen, oder sich einfach machtlos fühlen, muß außerdem von einer sehr hohen Dunkelziffer ausgegangen werden.

Jede Frau kann unabhängig von ihrem Äußeren, ihrem Alter sowie ihrer beruflichen Position Opfer solcher sexuellen Angriffe werden. Was können Sie also tun, wenn Ihnen ein Busengrapscher oder ein Lustmolch das Leben am Arbeitsplatz schwermacht?

Machen Sie sich zunächst einmal klar, daß Sie als Frau das Recht auf einen Arbeitsplatz haben, der frei von einschüchternder und diskriminierender Atmosphäre ist. Lassen Sie sich also von dem Belästiger auf keinen Fall in die Rolle des wehrlosen Opfers drängen, das sexuelle Attacken widerstandslos hinzunehmen hat. Untersuchungen von Fällen der sexuellen Belästigung am Arbeitsplatz haben ergeben, daß Frauen, die sich offensiv zur Wehr setzen, weitere Vorfälle in der Regel erfolgreich verhindern und ihr persönliches Wohlbefinden steigern konnten. Grundsätzlich gilt also: Wer sich nicht wehrt, der lebt verkehrt!

Deshalb sollten Sie zu einem Fall sexueller Belästigung auch niemals schweigen. Machen Sie auf jeden Fall gegenüber dem Belästiger deutlich, daß sein Verhalten unerwünscht ist. Fordern Sie ihn unmißverständlich auf, Belästigungen zu unterlassen. Sollte ein Gespräch mit dem Belästiger nicht möglich sein, sollten Sie sich sachlich und bestimmt in schriftlicher Form äußern. Gleichzeitig sollten Sie ihm für den Fall der Zuwiderhandlung juristische Schritte ankündigen.

Dokumentieren Sie Fälle sexueller Belästigungen, indem Sie Ort, Datum und Uhrzeit solcher Vorkommnisse notieren. Informieren Sie möglichst umgehend eine Person Ihres Vertrauens im Betrieb. Dies kann ein/e KollegIn, die Frauenbeauftragte, der Betriebs- bzw. Personalrat oder auch der Vorgesetzte sein. Tun Sie sich mit anderen betroffenen Kolleginnen zusammen, und tauschen Sie Ihre Erfahrungen aus. Schließen Sie sich gegebenenfalls einer Selbsthilfegruppe an, oder gründen Sie eine solche in Ihrem Betrieb. Möglicherweise kommt bei einem Erfahrungsaustausch heraus, daß ein und derselbe Belästiger bereits mehrere Frauen attackiert hat.

Wenn möglich, sichern Sie Beweise. Sollten Sie körperlich verletzt worden sein, gehen Sie – wenn es geht – noch am selben Tag zum Arzt, damit dieser Ihre Verletzungen attestiert. Sollten Sie am Arbeitsplatz telefonisch belästigt werden, lassen Sie möglichst KollegInnen mithören, damit sie Ihnen später als ZeugInnen zur Verfügung stehen können. Wenn Sie den Belästiger schriftlich zur Unterlassung aufgefordert haben, behalten Sie auf jeden Fall eine Kopie Ihres Schreibens zu Beweiszwecken zurück.

Da der Betriebs- bzw. Personalrat verpflichtet ist, Geschlechtsdiskriminierungen zu verhindern (§ 75 Abs. 1 BtrVG, § 67 BPersVG) und gegebenenfalls Maßnahmen zu ergreifen (§ 65 Abs. 2 BtrVG), sollten Sie sich umgehend am besten an eine Betriebs- oder Personalrätin wenden und sie über die sexuelle Belästigung informieren. Der Betriebs- oder Personalrat hat z. B. die Möglichkeit, auf Maßnahmen des Arbeitgebers zur Bekämpfung sexueller Belästigungen hinzuwirken. Die Bandbreite solcher Maßnahmen reicht von der Abmahnung über die Versetzung bis hin zur Kündigung des Belästigers.

Gut ist es, wenn es in Ihrem Betrieb einen speziellen Ausschuß für Frauenfragen oder eine Frauenbeauftragte gibt. In kleineren Betrieben ohne Betriebs- oder Personalrat sollten Sie auf jeden Fall versuchen, die Solidarität Ihrer Kolleginnen zu gewinnen, um möglichst gemeinsam gegen den Belästiger vorzugehen. So könnten Sie z. B. den Belästiger gemeinsam mit anderen Frauen zur Rede stellen.

Wenn Sie Mitglied einer Gewerkschaft sind, können Sie sich dort einer Rechtssekretärin anvertrauen, die Sie gleichzeitig auch über Ihre Rechte informieren kann.

Wenn Frauen sich am Arbeitsplatz gegen einen Belästiger zusammentun, können Sie durch geeignete Aktionen gegebenenfalls auch selbst Abhilfe schaffen. Bewährt haben sich z. B. witzige Aushänge am Schwarzen Brett, die den Belästiger bloßstellen. Die Erfahrung zeigt, daß ein auf diese Weise lächerlich gemachter Mann oft von sich aus sein Verhalten ändert und den Frauen künftig aus dem Wege geht. Allerdings sollten Sie nur zu solchen Mitteln greifen, wenn Sie stichhaltige Beweise gegen den Belästiger haben. Das wäre z. B. anzunehmen, wenn schon mehrere Frauen im Betrieb von demselben Mann belästigt wurden oder sogar von KollegInnen solche Vorfälle beobachtet wurden. Anderenfalls kann der direkte Angriff eines Belästigers leider auch »nach hinten losgehen« und der betroffenen Frau sogar eine Kündigung einbringen. Der geoutete Mann wird – sofern keine Beweise gegen ihn vorliegen – gegenüber dem Arbeitgeber natürlich stets seine Unschuld beteuern. Wenn er sich mit dem Arbeitgeber gutsteht und glaubwürdig erscheint, wird möglicherweise sogar die belästigte Frau als Störenfried im Betrieb angesehen und ihr schlimmstenfalls die Kündigung wegen Störung des Betriebsfriedens ausgesprochen.

Sollten personalinterne Versuche, den Belästiger in die Schranken zu weisen, scheitern oder handelt es sich um massivere sexuelle Belästigungen, wie z. B. unsittliche Berührungen, dann sollten Sie sich auf jeden Fall bei Ihrem Arbeitgeber beschweren. Schließlich obliegt diesem eine Schutzpflicht gegenüber den ArbeitnehmerInnen, deren Verletzung Schadensersatzansprüche auslösen kann.

Besonders häufig werden junge Frauen oder Jugendliche, die sich in der Berufsausbildung befinden, sexuell belästigt. Oftmals ist der Täter sogar der Ausbilder selbst. Hier bieten das Berufsbildungsgesetz, das Jugendarbeitsschutzgesetz sowie auch die Handwerksordnung Möglichkeiten, einem Arbeitgeber die Einstellungsbefugnis oder einem Ausbilder die Ausbildungsbefugnis zu entziehen. Gemäß § 35 GewO kann Gewerbetreibenden sogar die Ausübung des Gewerbes untersagt werden.

Jede sexuelle Belästigung kann als eine Straftat gegen die

sexuelle Selbstbestimmung angesehen und als solche auch verfolgt werden. So können z. B. durch Betatschen oder das Erzählen schweinischer Witze der Tatbestand der sexuellen Beleidigung (§§ 185 ff. StGB) oder durch massivere Angriffe auch die Straftatbestände der Körperverletzung (§§ 223 ff. StGB), der sexuellen Nötigung (§ 178 StGB) oder sogar der Vergewaltigung (§ 177 StGB) erfüllt sein. Auch exhibitionistische Handlungen stellen Straftaten dar und können entsprechend geahndet werden. Vor allem sollte aber der sexuelle Mißbrauch von Schutzbefohlenen sowie von Jugendlichen im Rahmen von Ausbildungs- und Arbeitsverhältnissen strafrechtlich verfolgt werden (§ 180 StGB). Im Arbeitsrecht gibt es zwar bisher keine speziellen Normen, die ausdrücklich den Schutz vor sexuellen Belästigungen am Arbeitsplatz regeln, doch lassen sich für die Betroffenen Schutzrechte aus den allgemeinen Bestimmungen des Arbeitsvertrags- und des Schadensersatzrechts herleiten. Von Bedeutung sind hier vor allem das generelle Diskriminierungsverbot (§ 611 a BGB), das Verbot unerlaubter Handlungen (§ 823 Abs. 1 und 2 BGB) sowie der Anspruch auf Schmerzensgeld (§ 847 BGB).

Ein Arbeitgeber ist grundsätzlich verpflichtet, auch das sexuelle Selbstbestimmungsrecht seiner Arbeitnehmerinnen zu schützen. Werden Sie von einem Kollegen oder einem Vorgesetzten sexuell belästigt, muß Ihr Arbeitgeber daher alle erforderlichen Maßnahmen ergreifen, um Abhilfe zu schaffen. Je nach Schwere des Vorfalls kann dies in Form einer Abmahnung des Belästigers, durch dessen Versetzung an einen anderen Arbeitsplatz oder – z. B. bei einem körperlichen Angriff – durch die Kündigung dieses Mannes erfolgen.

Bleibt Ihr Arbeitgeber, obwohl er über Ihre Belästigung informiert wurde, trotzdem untätig, können Sie sich an Ihren Betriebs- bzw. Personalrat wenden und diesen auffordern, den Arbeitgeber zum Tätigwerden zu zwingen. In der Regel geschieht dieses durch eine Klage gegen den Arbeitgeber, wodurch dieser zum Handeln verpflichtet wird. Sollte Ihnen in der Zwischenzeit die Ausübung Ihrer beruflichen Tätigkeit durch die weitere Anwesenheit des

Belästigers unzumutbar geworden sein, dürfen Sie getrost zu Hause bleiben, bis der Arbeitgeber die Angelegenheit bereinigt hat. Während dieser Zeit haben Sie Anspruch auf Lohn- bzw. Gehaltsfortzahlung.

Selbstverständlich können Sie Ihre Rechte gegenüber dem Belästiger auch selbst geltend machen, indem Sie z. B. im Wege einer einstweiligen Verfügung die Unterlassung weiterer Belästigungen beim Gericht beantragen. In diesem Fall sollten Sie sich aber zuvor juristisch beraten lassen.

Ändert der Belästiger sein Verhalten auch nach Meldung an den Arbeitgeber nicht und ist Ihnen eine Fortsetzung des Arbeitsverhältnisses aus diesem Grunde nicht mehr zumutbar, können Sie – gegebenenfalls fristlos – kündigen. Der Arbeitgeber hat Ihnen dann gemäß § 628 BGB den Schaden zu ersetzen, der Ihnen durch den Verlust des Arbeitsplatzes entstanden ist. Natürlich können Sie auch den Belästiger selbst auf Schadensersatz und Schmerzensgeld verklagen. Auch hier ist zuvor eine juristische Beratung – gegebenenfalls durch Ihre Gewerkschaft – angeraten.

Hat Sie der Arbeitgeber selbst sexuell belästigt, können Sie ebenfalls unter Inanspruchnahme der Lohn- bzw. Gehaltsfortzahlung die Arbeitsleistung verweigern und zu Hause bleiben. In der Regel ist davon auszugehen, daß Ihnen in einem solchen Fall nicht mehr zugemutet werden kann, für diesen Arbeitgeber tätig zu sein. Sie können deshalb – sogar fristlos – kündigen und vom Arbeitgeber Schadensersatz für den Verlust Ihres Arbeitsplatzes fordern. Darüber hinaus können Sie von ihm auch noch Schmerzensgeld verlangen. Auch diesbezüglich wird wieder eine vorherige juristische Beratung empfohlen.

Zur Bekämpfung sowie – noch besser – zur Vorbeugung von sexuellen Belästigungen am Arbeitsplatz sollten Sie Ihren Betriebs- bzw. Personalrat dazu veranlassen, mit dem Arbeitgeber eine Betriebs- bzw. Dienstvereinbarung zu schließen. Aus einer solchen Vereinbarung sollte hervorgehen, was unter sexueller Belästigung zu verstehen ist, also zum Beispiel:

- unerwünschte körperliche Übergriffe und Berührungen;
- unerwünschte Einladungen und Aufforderungen zu sexuellem Verhalten;
- entwürdigende und beleidigende Witze und Bemerkungen über Frauen;
- auf Einzelpersonen bezogene Bemerkungen über sexuelle Aktivitäten und das Intimleben, über körperliche Vorzüge oder Schwächen;
- sexuell gefärbte Gesten und Verhaltensweisen (z. B. Anstarren, Hinterherpfeifen);
- das Mitbringen und Zeigen pornographischer Hefte und Bilder;
- das Zeigen und Anbringen frauenfeindlicher Aufkleber und Bilder;
- die Belästigung von Frauen durch Verfolgen innerhalb und außerhalb des Betriebes.

Die so beschriebenen Verhaltensweisen, die als sexuelle Belästigungen zu werten sind, sollten laut der Betriebs- bzw. Dienstvereinbarung im Betrieb strikt verboten sein und seitens des Arbeitgebers in geeigneter Form sanktioniert werden. Dieses kann z. B. in Form eines Aktenvermerks in der Personalakte, durch mündlichen oder schriftlichen Verweis, durch schriftliche Abmahnung und Kündigungsandrohung, Versetzung in eine andere Abteilung oder an einen anderen Arbeitsort sowie durch die Verhängung einer Geldbuße geschehen.

Natürlich kommen als weitere Maßnahmen gegen einen Belästiger auch die fristgerechte oder fristlose Kündigung und die Erstattung einer Strafanzeige in Betracht.

Der Betriebs- bzw. Personalrat sollte außerdem für die Einrichtung einer Anlaufstelle für belästigte Frauen im Betrieb sorgen (z. B. eine Frauenbeauftragte). Zusätzlich sollte in der Betriebs- bzw. Dienstvereinbarung die Bildung einer Beschwerdekommission festgelegt werden. Diese könnte dann allen Beschwerden und Hinweisen (auch anonymen) von sexuellen Belästigungen nachgehen und Vorschläge zu deren Bekämpfung und Sanktionierung erarbeiten.

Hierbei handelt es sich lediglich um einige Vorschläge, um den Schutz von Frauen vor sexuellen Übergriffen am Arbeitsplatz zu verbessern. Wenn Sie mit anderen Frauen in Ihrem Betrieb über dieses Thema diskutieren, werden Ihnen sicherlich noch andere Möglichkeiten einfallen, wie Sie die Position der Frauen am Arbeitsplatz stärken können.

Leider ist der Gesetzgeber auf Bundesebene bisher noch nicht in der erforderlichen Weise tätig geworden, um Frauen vor sexuellen Belästigungen am Arbeitsplatz zu schützen. Es gibt zwar einen Entwurf der Bundesregierung zur Einführung eines zweiten Gleichberechtigungsgesetzes. Dieses Gesetz enthält auch Vorschriften zum Schutz der Beschäftigten vor sexueller Belästigung am Arbeitsplatz. Doch wurde über den Entwurf dieses Gesetzes vom 7. Mai 1993 noch nicht abschließend beraten. Lediglich in Berlin existiert derzeit ein Anti-Diskriminierungsgesetz, das für Behördenangestellte gilt. Danach ist es männlichen Behördenangestellten verboten, »Bemerkungen sexuellen Inhalts« zu machen. »Sex-Witze zu erzählen« sowie »unnötige Körperkontakte zu suchen«. Außerdem dürfen Männer den Frauen im Betrieb keine pornographischen Bilder zeigen, sie nicht zu sexuellen Handlungen auffordern oder unerwünschte Bemerkungen über ihr Aussehen machen. Fühlt sich eine Kollegin belästigt, kann sie sich beschweren. Der Belästiger wird dann abgemahnt und im Wiederholungsfall entlassen. Es bleibt zu hoffen, daß die Gesetzgeber auf Landes- und Bundesebene durch weitere Vorschriften dieser Art deutliche Signale setzen, damit sich das Rechtsbewußtsein dahingehend ändert, daß sexuelle Belästigungen nicht länger als sog. Kavaliersdelikte abgetan werden.

20. Mobbing – Psychoterror
am Arbeitsplatz

Der Begriff Mobbing taucht in den letzten Jahren immer häufiger
in den Medien auf, wenn über Menschen berichtet wird, die am
Arbeitsplatz von ihren KollegInnen oder Vorgesetzten so massiv
und so lange schikaniert oder auch ausgegrenzt werden, bis sie
entweder kündigen, krank werden oder sogar nur noch den Selbstmord als Ausweg sehen, um ihrem Leidensdruck zu entgehen. Der
Ausdruck Mobbing kommt aus dem Englischen und bedeutet etwa
soviel wie »über jemanden herfallen« oder »jemanden anpöbeln«.
Aus arbeitsmedizinischer Sicht liegt ein Fall von Mobbing dann
vor, wenn eine Person mindestens einmal pro Woche über einen
Zeitraum von mindestens einem halben Jahr von einer oder mehreren Personen am Arbeitsplatz durch bestimmte Verhaltensweisen angegriffen und schikaniert wird. Dies kann z. B. durch abfäl-
lige Bemerkungen, Sichlustigmachen oder auch eisiges Schweigen, wenn die betroffene Person das Zimmer betritt, geschehen.
Durch Mobbing werden Menschen am Arbeitsplatz isoliert und
psychisch zugrunde gerichtet. Der extreme soziale Streß, unter
dem sie am Arbeitsplatz stehen, führt bei ihnen oftmals zur völli-
gen körperlichen und seelischen Erschöpfung. In der Regel dauert
es nicht länger als ein halbes Jahr, bis das Opfer eines solchen
Psychoterrors seelisch und nicht selten auch körperlich zusam-
menbricht. Es ist unbestreitbar, daß Mobbing krank macht.

Mobbing kann jeden treffen. In der Regel tritt dieses Problem
jedoch unter gleichgestellten ArbeitnehmerInnen auf. Nach Expertenschätzungen sind Frauen häufiger Mobbingattacken am Arbeitsplatz ausgesetzt als Männer. Dabei werden etwa 44 Prozent

der Mobbingopfer von ihren KollegInnen terrorisiert. In ca. 37 Prozent der Fälle sind es Vorgesetzte, die ihren Untergebenen das Leben schwermachen. Aber auch Chefs werden von Mobbing nicht verschont. So sind immerhin neun Prozent der Mobbing-Betroffenen Vorgesetzte.

Sicher gab es auch schon früher in den meisten Betrieben Intrigen oder Schikanen zwischen KollegInnen bzw. zwischen Chefs und ArbeitnehmerInnen. Animositäten zwischen einzelnen Personen treten eben immer einmal auf und lassen sich dort, wo viele Menschen miteinander arbeiten und auskommen müssen, kaum vermeiden. Mobbing hat allerdings eine andere, gefährlichere Qualität als einfache Boshaftigkeiten zwischen KollegInnen. Es handelt sich hierbei vielmehr um eine gezielte Vernichtungstaktik, die eine/n MitarbeiteriIn zermürben und schließlich wegekeln soll.

Die Gründe für die rasante Ausbreitung dieses Phänomens haben ihre Wurzeln möglicherweise in der allgemein ansteigenden Aggressivität und Brutalität innerhalb der Gesellschaft. Hinzu kommt der aufgrund wachsender Arbeitslosigkeit steigende Leistungsdruck in den Betrieben. All das können Gründe dafür sein, daß immer mehr ArbeitnehmerInnen versuchen, ihre Ängste und ihren Frust am Arbeitsplatz dadurch zu kompensieren, daß sie vermeintlich schwächere KollegInnen psychisch quälen und erniedrigen. Möglicherweise sehen sie in diesem Verhalten auch eine Überlebenstaktik im Betrieb, indem sie andere durch Mobbing zur Kündigung nötigen, um selbst ihren Arbeitsplatz zu sichern.

Nach Expertenschätzungen sind mittlerweile weit über eine Million ArbeitnehmerInnen von dem Problem Mobbing betroffen. Durchschnittlich muß jede/r vierte ArbeitnehmerIn damit rechnen, während des Berufslebens ein Mobbing-Opfer zu werden.

Die psychischen und psychosomatischen Folgen für die Betroffenen sind oftmals dramatisch. Sie reichen von Konzentrationsstörungen, Herz- und Kreislaufstörungen, Atembeklemmung, Kopfschmerzen, Schlafstörungen, Magengeschwüren bis hin zu schwersten Angstzuständen und Depressionen, die nicht selten sogar zum Selbstmord führen. Nach schwedischen Untersuchungen ist für zehn bis zwanzig Prozent aller Selbstmorde Mobbing als Grund anzusehen.

Mobbing ist aber nicht nur ein Problem der davon betroffenen Opfer. Mobbing wirkt sich auch negativ auf das gesamte Arbeitsklima und die Produktivität eines Betriebes aus. Außerdem werden durch Mobbing unnötige horrende Behandlungskosten, Krankengelder und Frührenten produziert. Mobbing ist also ebenfalls ein volkswirtschaftliches Problem und eine Gefahr für unsere Gesellschaft. Leider ist die Mobbing-Forschung in der Bundesrepublik erst wenig entwickelt. Darüber hinaus leugnen oder verniedlichen die meisten Betriebe das Problem Mobbing noch. Dieser Ratgeber will Ihnen Möglichkeiten aufzeigen, wie Sie sich selbst gegen Mobbing wehren können und welche Arten von Unterstützung und Hilfe innerhalb oder auch außerhalb Ihres Betriebes mobilisiert werden können. Ähnlich wie im Fall von sexuellen Belästigungen am Arbeitsplatz – die teilweise auch zum Mobbing gerechnet werden können –, kommt es in erster Linie darauf an, daß Sie sich am besten erst gar nicht zum Opfer machen lassen, sondern Ihrerseits möglichst frühzeitig in die Offensive gehen. Die Kündigung wegen Psychoterrors am Arbeitsplatz sollte wirklich nur der letzte Ausweg sein, wenn das Problem auf andere Weise nicht zu lösen ist.

Wichtig ist, daß Sie bereits auf die ersten Anzeichen von Mobbing reagieren. Dazu gehört, daß Sie zunächst selbst nach den in Frage kommenden Ursachen forschen, die Sie in eine »Sündenbockrolle« gedrängt haben. Überdenken Sie, ob eventuell Ihre eigenen Verhaltensweisen zu einem Konflikt mit Ihren KollegInnen geführt haben könnten oder ob etwa bestimmte Arbeitsbedingungen hierfür verantwortlich sein könnten. Suchen Sie so früh wie möglich das offene Gespräch mit denjenigen Personen, die sich offenbar gegen Sie verschworen haben. Sollten die Fronten bereits verhärtet sein, bitten Sie einen Betriebsrat oder eine andere vertrauenswürdige und neutrale Person aus Ihrem Betrieb, als Schlichter bei einer Aussprache zu fungieren. Vielleicht läßt sich der Konflikt auf diesem Wege beilegen. In der Regel stehen die

Chancen hierfür gut, wenn beide Seiten bereit sind, nachzugeben und einen Kompromiß zu schließen. Auch wenn Sie sich durch Angriffe Ihrer KollegInnen immer noch verletzt fühlen, sollten Sie bereit sein, sich zu versöhnen und unter Umständen sogar die erste sein, die die Hand zur Versöhnung reicht. Hierbei handelt es sich keinesfalls um ein Zeichen der Schwäche, sondern vielmehr um eine großmütige Geste, die von viel innerer Stärke zeugt. Gleichzeitig beweisen Sie der Gegenseite hierdurch, daß Sie sich durch ihr abweisendes und verletzendes Verhalten nicht einschüchtern oder kleinkriegen lassen.

Sollte eine gütliche Lösung des Konflikts auf diesem Wege nicht möglich sein, können Sie um eine Versetzung im Betrieb bitten. Werden Sie allerdings auch von Ihrem Chef gemobbt, wird Ihnen letztendlich nur die Möglichkeit bleiben, Ihre Kündigung einzureichen. Dieses sollte allerdings wirklich die letzte Lösung dieses Problems sein. Zuvor sollten Sie auf jeden Fall noch andere Möglichkeiten probieren.

Insbesondere können Sie beim Betriebs- bzw. Personalrat von Ihrem Beschwerderecht Gebrauch machen. Wenden Sie sich am besten an einen erfahrenen und verständigen Betriebs- bzw. Personalrat und schildern Sie Ihr Mobbing-Problem möglichst sachlich. Natürlich sollten Sie die Angriffe durch Ihre KollegInnen auch anhand von konkreten Beispielen belegen können. Es empfiehlt sich daher, Vorfälle stets mit Datum und Uhrzeit zu notieren. Gut ist es, wenn Sie andere unbeteiligte MitarbeiterInnen als Zeugen benennen können. Hält der Betriebs- bzw. Personalrat Ihre Beschwerde für begründet, wendet sich dieser an den Arbeitgeber, um Abhilfe zu schaffen. Gegebenenfalls wird die Auseinandersetzung dann vor dem Arbeitsgericht entschieden.

Ist Ihr Arbeitgeber nicht an den Mobbing-Aktivitäten gegen Sie beteiligt, können Sie sich natürlich auch direkt an ihn wenden. Schließlich hat der Arbeitgeber Ihnen gegenüber eine Fürsorgepflicht und muß Ihrer Beschwerde nachgehen. Hält er Ihr Vorbringen für begründet, muß er die erforderlichen Maßnahmen zu Ihrem Schutz ergreifen. Sollte Ihr Arbeitgeber seiner Pflicht nicht nachkommen, können Sie vors Arbeitsgericht ziehen. Zuvor sollten Sie sich jedoch unbedingt juristisch beraten lassen.

Wenn Ihr Chef selbst in die Intrigen gegen Sie verstrickt ist und haben Sie den Eindruck, daß er jeden nur denkbaren Anlaß nutzt, um Sie zu schikanieren oder zu kritisieren, müssen Sie auf der Hut sein. Möglicherweise will Ihr Arbeitgeber sich den Weg dafür ebnen, Ihnen die Kündigung auszusprechen. Größte Vorsicht ist geboten, wenn Ihr Arbeitgeber Ihnen bereits eine oder mehrere Abmahnungen erteilt hat. In diesem Fall sollten Sie sich umgehend an den Betriebs- bzw. Personalrat, Ihre Gewerkschaft oder eine Anwältin wenden und die Abmahnungen auf ihre Wirksamkeit hin überprüfen lassen. Außerdem haben Sie die Möglichkeit, eine schriftliche Gegendarstellung in Ihre Personalakte aufnehmen zu lassen, wenn Sie der Auffassung sind, daß die Abmahnung unbegründet ist (vgl. auch Kapitel 30).

Sollte es dann tatsächlich zur Kündigung durch den Arbeitgeber kommen, suchen Sie umgehend Ihre Gewerkschaft oder eine/n auf Arbeitsrechte spezialisierte/n AnwältIn auf, damit die erforderlichen rechtlichen Schritte fristgerecht eingelegt werden können. Für eine Kündigungsschutzklage haben Sie lediglich eine Frist von drei Wochen. Näheres dazu in Kapitel 33.

Wenn alles darauf hindeutet, daß Ihr Arbeitgeber Sie loswerden will, sollten Sie überlegen, ob es nicht für Sie besser wäre, ihm zuvorzukommen und das Arbeitsverhältnis selbst aufzukündigen. Vorher sollten Sie sich aber rechtzeitig um einen neuen Arbeitsplatz bemühen. Anderenfalls müßten Sie mit einer finanziellen Durststrecke rechnen, bis Sie eine neue Stelle gefunden haben. Im Falle einer Eigenkündigung verhängt das Arbeitsamt nämlich eine Sperrfrist, so daß Sie mehrere Wochen lang kein Arbeitslosengeld bekommen. Als Notlösung böte sich in diesem Fall an, wenn Ihr Arzt Ihnen bescheinigen könnte, daß Sie das Arbeitsverhältnis aus gesundheitlichen Gründen aufgeben mußten.

Vorsicht ist geboten, falls Ihr Chef Ihnen zur Beendigung des Arbeitsverhältnisses einen sog. Aufhebungsvertrag vorschlägt (vgl. Kapitel 36). Auf diese Weise versuchen Arbeitgeber in der

Regel, unerwünschte MitarbeiterInnen mit einer möglichst niedrigen Abfindung abzuschieben. Gleichzeitig entgehen sie damit dem Risiko einer Kündigungsschutzklage der ArbeitnehmerInnen. Bei der Suche nach einer neuen Arbeitsstelle stehen Sie mit einem Aufhebungsvertrag außerdem nicht besser da, als wenn Ihnen der Arbeitgeber gekündigt hätte. Darüber hinaus wird das Arbeitsamt auch im Falle eines Aufhebungsvertrages Arbeitslosengeld erst nach einer mehrwöchigen Sperrfrist gewähren. Gegebenenfalls wird sogar Ihre Abfindung auf die Leistungen des Arbeitsamtes angerechnet.

Auf welche Weise Ihr Arbeitsverhältnis auch endet, achten Sie auf jeden Fall darauf, daß Ihr Zeugnis keine negativen Geheimcodes enthält. Im Buchhandel gibt es eine Reihe von speziellen Büchern, mit deren Hilfe Sie die »besondere« Sprache der Personalchefs deuten können. Sind Sie mit Ihrem Zeugnis nicht einverstanden, können Sie zunächst den Betriebs- bzw. Personalrat einschalten. Wenn auch dieser nichts ausrichten konnte, können Sie das Zeugnis innerhalb einer Frist von sechs Wochen gerichtlich anfechten. Lesen Sie diesbezüglich in Kapitel 37 nach.

Abschließend sei jeder Mobbing-Betroffenen geraten, ihren Kummer nicht in sich hineinzufressen. Kapseln Sie sich auf keinen Fall von Ihrer Umwelt ab, sondern vertrauen Sie sich Ihren Angehörigen oder guten Freunden an. Hilfreich ist es auch, wenn Sie sich mit anderen Betroffenen zusammentun. Im Anhang sind eine Reihe von Kontaktadressen abgedruckt, die Ihnen weiterhelfen können. Sie können natürlich auch eine eigene Selbsthilfegruppe aufbauen, indem Sie z. B. eine Kleinanzeige (am besten mit Chiffre) in Ihrer Tageszeitung aufgeben. Auf diese Weise werden Sie erfahren, daß Sie mit Ihrem Problem nicht allein sind und daß Mobbing viele Ursachen haben kann sowie in den verschiedensten Formen auftritt. In der Gruppe können Sie sich nicht nur aussprechen, sondern auch gleichzeitig gemeinsam Verhaltensstrategien entwickeln.

Da Mobbing ein grundsätzliches gesellschaftliches Problem darstellt, das zudem noch erheblichen volkswirtschaftlichen Schaden verursacht, muß die Bekämpfung dieses Übels vor allem in den und durch die Betriebe in Angriff genommen werden. Hierzu können Sie als Betroffene am besten beitragen, indem Sie das Problem Mobbing im Betrieb öffentlich machen. Sie sollten daher versuchen, daß das Thema Mobbing auf Betriebsversammlungen diskutiert wird. Interessant wäre auch die Durchführung einer anonymen Fragebogenaktion im Betrieb, um festzustellen, wie viele MitarbeiterInnen bereits von Mobbing betroffen sind. Sofern Sie einen verständigen Chef oder einen Betriebs- bzw. Personalrat haben, können Sie auch anregen, spezielle Schulungen oder Seminare zur Bekämpfung von Mobbing durchzuführen. Hierbei sollte den Vorgesetzten und dem Arbeitgeber vor allem deutlich gemacht werden, wie schädlich Mobbing für das Arbeitsklima und die Leistung der ArbeitnehmerInnen ist.

Eine weitere Möglichkeit besteht darin, mit Hilfe von Betriebs- bzw. Dienstvereinbarungen Mobbing zu bekämpfen. Eine solche Betriebsvereinbarung sollte für alle ArbeitnehmerInnen Richtlinien enthalten, wie sie sich als Betroffene oder auch als ZeugInnen von Mobbing-Vorfällen korrekt verhalten. Natürlich müssen auch angemessene Sanktionen gegen Mobber festgelegt werden, also z. B. ein Verweis, eine Abmahnung bis hin zur Kündigung. Sinnvoll wäre auch die Einrichtung sog. Mobbing-Sprechstunden bei einem speziellen Ansprechpartner im Betrieb, der besonders geschult ist und bei dem Betroffene Rat und Unterstützung finden.

Leider gibt es in der Bundesrepublik im Rahmen des Arbeitsschutzes bisher keine Gesetzesvorschrift, wonach auch das seelische Wohl der ArbeitnehmerInnen zu schützen ist. Insofern sind die skandinavischen Länder, wie Schweden, Norwegen und Finnland, uns bereits ein gutes Stück voraus. Es sollte daher auch versucht werden, auf den Gesetzgeber Druck auszuüben, in dieser Richtung tätig zu werden. Hier dürften wohl vor allem die Gewerkschaften, aber auch die Unternehmerverbände gefordert sein, auf eine solche Regelung zum Schutze der ArbeitnehmerInnen hinzuwirken.

21. Schwangerschaft und Mutterschutz

Das Mutterschutzgesetz gilt grundsätzlich für alle schwangeren Arbeitnehmerinnen (z. B. auch für Heimarbeiterinnen). Für Beamtinnen gibt es eine spezielle Verordnung über den Mutterschutz.

Dieses Gesetz soll schwangere Arbeitnehmerinnen vor gesundheitlichen Gefahren am Arbeitsplatz, vor Lohn- bzw. Gehaltskürzungen sowie vor einem Verlust des Arbeitsplatzes wegen ihrer Schwangerschaft schützen. Die Überwachung der Einhaltung dieser Schutzvorschriften obliegt in erster Linie den Gewerbeaufsichtsämtern.

Damit das Mutterschutzgesetz im konkreten Fall möglichst schnell Anwendung findet, sollten Sie Ihren Arbeitgeber umgehend über Ihre Schwangerschaft informieren. Aus Beweisgründen sollten Sie dieses schriftlich tun. In Ihrem Schreiben sollten Sie mitteilen, in welchem Schwangerschaftmonat Sie sich befinden und wann der voraussichtliche Entbindungstermin sein wird. Auf Verlangen müssen Sie dem Arbeitgeber ein ärztliches Attest vorlegen. Die Kosten hierfür muß dann jedoch der Arbeitgeber übernehmen.

Der Arbeitgeber ist verpflichtet, dem Betriebs- bzw. Personalrat sowie dem zuständigen Gewerbeaufsichtsamt Ihre Schwangerschaft zu melden.

Während Schwangerschaft und Stillzeit dürfen Ihnen keine schweren körperlichen Arbeiten übertragen werden. Ihnen darf keine Akkord- oder Fließbandarbeit zugeteilt werden. Ab dem 3. Schwangerschaftsmonat ist auch die Arbeit auf Transportfahrzeugen für Schwangere verboten. Ebenso dürfen Sie nicht für solche

Arbeiten eingesetzt werden, bei denen Sie oder Ihr Kind Unfall-
gefahren oder gesundheitsgefährdenden Einflüssen ausgesetzt
sind (z. B. Strahlen, Staub, Gase, Dämpfe, Lärm, Erschütterung,
Hitze, Kälte und Nässe).

Grundsätzlich sind für Schwangere und stillende Mütter besonders belastende, lange Arbeitszeiten verboten. Sie dürfen daher
weder nachts zwischen 20 Uhr und sechs Uhr noch an Sonn- und
Feiertagen beschäftigt werden. Außerdem ist keine Mehrarbeit
über 8,5 Stunden pro Tag hinaus erlaubt. Ausnahmen sind allerdings für einige Gewerbezweige sowie für Beschäftigte im Haushalt, in der Landwirtschaft oder im Gesundheitswesen vorgesehen.
Informationen hierüber erhalten Sie beim Gewerbeaufsichtsamt.

Wenn Sie beim Arbeiten viel zu stehen oder zu gehen haben,
muß Ihr Arbeitgeber für eine Sitzgelegenheit sorgen. Bei einer
überwiegend sitzenden Tätigkeit dürfen Sie dagegen Ihre Arbeit
regelmäßig für kurze Bewegungspausen unterbrechen.

Eine Schwangere darf überhaupt nicht beschäftigt werden,
wenn nach ärztlicher Einschätzung dadurch ihre eigene Gesundheit oder die des ungeborenen Kindes gefährdet würde. Sofern Ihr
Arzt Ihnen ein solches Beschäftigungsverbot bescheinigt, haben
Sie gegen Ihren Arbeitgeber einen zeitlich unbegrenzten Anspruch
auf Zahlung des sog. Mutterschutzlohnes. Dagegen dauert die
Lohnfortzahlung im Fall von Arbeitsunfähigkeit wegen Krankheit
maximal sechs Wochen. Das heißt, der Arbeitgeber ist auch bei
langfristigen Fehlzeiten aufgrund Ihrer Schwangerschaftsbe-
schwerden verpflichtet, gegebenenfalls monatelang Ihren Lohn
bzw. Ihr Gehalt fortzuzahlen. Der Mutterschutzlohn errechnet sich
nach dem durchschnittlichen Nettoverdienst der letzten drei Monate bzw. der letzten dreizehn Wochen vor Ihrer Schwangerschaft.
Dabei dürfen etwaige Zuschläge für Akkord- oder Fließbandarbeit,
die Sie nun wegen Ihrer Schwangerschaft nicht mehr ausüben
können, nicht in Abzug gebracht werden. Ebensowenig darf Ihnen
der Arbeitgeber Gratifikationen oder sonstige Sonderleistungen
(z. B. Urlaubsgeld, Weihnachtsgeld) aufgrund schwangerschafts-
bedingter Fehlzeiten kürzen. Auch für die Zeiten, in denen Sie

Schwangerschaftsvorsorgeuntersuchungen wahrnehmen, muß der Arbeitgeber Ihren Lohn bzw. Ihr Gehalt ungekürzt zahlen.

Während der letzten sechs Wochen vor der Entbindung brauchen Schwangere überhaupt nicht zu arbeiten. Wenn Sie dieses allerdings unbedingt wollen, hat der Arbeitgeber Sie weiterzubeschäftigen. Dagegen besteht ein absolutes Beschäftigungsverbot während der ersten acht Wochen nach der Entbindung. Bei Früh- oder Mehrlingsgeburten ist diese Frist auf zwölf Wochen verlängert. Hinsichtlich dieser Schutzfristen ist die Festsetzung des voraussichtlichen Entbindungstermins von Bedeutung. Ein zu spät angesetzter Geburtstermin kann die Beurlaubung nach dem Mutterschutzgesetz erheblich verkürzen. Dagegen ist ein eher zu früh berechneter Zeitpunkt für die Geburt für Sie günstiger, weil sich durch den dann tatsächlich verzögerten Geburtstermin gleichzeitig die Schutzfrist vor der Geburt verlängert.

Wenn Sie Mitglied einer gesetzlichen Krankenversicherung sind, erhalten Sie während der Schutzfristen von der 6. Woche vor bis zur 8. Woche (bzw. 12. Woche) nach der Entbindung von der Krankenkasse ein Mutterschaftsgeld, das auf der Grundlage Ihres Nettoverdienstes errechnet wird. Voraussetzung hierfür ist, daß Sie bei Beginn der Schutzfrist in einem Arbeitsverhältnis beschäftigt sind (das kann auch Heimarbeit sein) und während der Zeit vom 10. bis 4. Monat vor der Entbindung mindestens drei Monate lang versichert gewesen sind. Anspruch auf Mutterschaftsgeld haben Sie sogar dann, wenn Ihr Arbeitsverhältnis inzwischen rechtmäßig vom Arbeitgeber gekündigt wurde. Dagegen können Sie kein Mutterschaftsgeld beanspruchen, wenn Sie selbst gekündigt haben oder Ihr Arbeitsverhältnis aufgrund eines lediglich befristeten Arbeitsvertrages bzw. durch einen Aufhebungsvertrag beendet wurde.

Das Mutterschaftsgeld beträgt mindestens 3,50 DM und höchsten 25 DM pro Kalendertag. Liegt Ihr Nettolohn pro Tag zwischen diesen Beträgen, erhalten Sie von der Krankenkasse Ihren vollen Nettolohn. Das sind im Höchstfall also 750 DM pro Monat. Übersteigt Ihr Nettogehalt diesen Höchstbetrag, haben Sie gegen Ihren

Arbeitgeber einen Anspruch auf Zahlung eines Zuschusses zum Ausgleich der Differenz zwischen dem Mutterschaftsgeld und Ihrem durchschnittlichen Arbeitseinkommen. Der Arbeitgeberzuschuß wird nach dem Nettodurchschnittsverdienst der letzten drei Monate vor Beginn der Schutzfrist berechnet. Allerdings werden hierbei einmalige Sonderzahlungen (z. B. Urlaubs- oder Weihnachtsgeld) nicht berücksichtigt.

Ihr Mutterschaftsgeld können Sie bei der Krankenkasse formlos beantragen. Fügen Sie Ihrem Antrag gleich eine Bescheinigung Ihres Arbeitgebers über das bestehende Arbeitsverhältnis sowie die Höhe Ihres Arbeitsverdienstes und ein ärztliches Attest (wird in der Regel ab der 7. Woche vor dem Entbindungstermin ausgestellt) bei.

Als sog. geringfügig Beschäftigte haben Sie einen Anspruch auf die Zahlung eines einmaligen Betrages von 400 DM. Voraussetzung für die Gewährung dieses Mutterschaftsgeldes ist, daß Sie vor Beginn der Schutzfrist in einem Arbeitsverhältnis stehen und während der Zeit vom 10. bis 4. Monat vor der Entbindung für drei Monate beschäftigt gewesen sind. Zuständig für die Gewährung dieses Mutterschutzgeldes ist das Bundesversicherungsamt, Reichpietschufer 72 – 76, 10785 Berlin. Hierfür reicht wieder ein formloser Antrag mit den oben aufgeführten Belegen.

Wenn Ihr Arzt Ihnen attestiert hat, daß Sie während der ersten Monate nach der Entbindung nicht voll einsatzfähig sind, dürfen Ihnen keine Arbeiten übertragen werden, die Ihre Kräfte übersteigen.

Sofern Sie nach der Mutterschutzfrist oder nach einem (verkürzten) Erziehungsurlaub wieder arbeiten, sich aber noch in der Stillzeit befinden, muß Ihr Arbeitgeber Sie für die zum Stillen erforderliche Zeit von der Arbeit freistellen. Der Arbeitgeber hat dabei grundsätzlich für die durch das Stillen entstehenden Fehlzeiten Ihren Lohn bzw. Ihr Gehalt fortzuzahlen.

Die Dauer der Stillzeit ist nicht an ein bestimmtes Alter des Kindes gekoppelt. Nach der Rechtsprechung wird jedoch ein Kindesalter von zwei Jahren in der Regel als Höchstgrenze für den Anspruch auf Gewährung von Stillzeiten angesehen.

Bezweifelt Ihr Arbeitgeber, daß Sie Ihr Kind tatsächlich stillen, kann er die Bescheinigung eines Arztes oder einer Hebamme von Ihnen verlangen. Die Kosten für dieses Attest muß der Arbeitgeber übernehmen. Muß Ihr Kind zu bestimmten Zeiten gestillt werden, sollten Sie diese gleich in das Attest mit aufnehmen lassen.

Nach dem Mutterschutzgesetz haben Sie einen Anspruch auf eine Stillzeit von mindestens zweimal täglich einer halben Stunde oder einmal täglich einer Stunde. Wenn Sie länger als acht Stunden zusammenhängend arbeiten, verlängert sich die Mindeststillzeit auf zweimal 45 Minuten täglich. Gibt es in der Nähe Ihres Arbeitsplatzes keine Stillgelegenheit, können Sie sogar 1 1/2 Stunden Stillzeit beanspruchen. Die Arbeitszeit gilt dann als zusammenhängend, wenn sie nicht durch eine Ruhepause von mindestens zwei Stunden unterbrochen wird.

Die durch das Stillen ausgefallene Arbeitszeit muß von Ihnen weder vor- noch nachgearbeitet werden. Die Stillzeit darf auch nicht auf Ihre Ruhepausen angerechnet werden.

Einen Anspruch auf Stillzeiten haben Sie auch als Teilzeitbeschäftigte, sofern Ihr Kind während der Arbeitszeit gestillt werden muß.

Wenn es mit Ihrem Arbeitgeber wegen der Festlegung oder der Dauer der Stillzeiten Probleme gibt, sollten Sie sich an Ihr zuständiges Gewerbeaufsichtsamt wenden. Das gilt im übrigen auch für alle anderen Probleme, die Sie während der Schwangerschaft mit Ihrem Arbeitgeber haben.

Seit dem 1. Tag Ihrer Schwangerschaft bis 4 Monate nach der Entbindung genießen Sie grundsätzlich einen besonderen Kündigungsschutz. Dies gilt auch für Teilzeitbeschäftigte. In dieser Zeit darf Ihnen – abgesehen von einigen Ausnahmen – weder ordentlich noch außerordentlich gekündigt werden. Um solche Ausnahmefälle handelt es sich etwa, wenn durch die Fortzahlung Ihres Arbeitsentgelts während der Schutzzeit die wirtschaftliche Existenz Ihres Arbeitgebers gefährdet wäre oder Sie grob gegen Ihre Pflichten aus dem Arbeitsvertrag verstoßen hätten (z. B. ein Diebstahl am Arbeitsplatz). Allerdings muß das Gewerbeaufsichtsamt der Kündigung zustimmen.

Eine Verlängerung des Kündigungsschutzes kann dann in Betracht kommen, wenn Sie Erziehungsurlaub in Anspruch nehmen. Hierzu Näheres in Kapitel 22.

Wußte Ihr Arbeitgeber nichts von Ihrer Schwangerschaft oder der Geburt Ihres Kindes und kündigt er während der Kündigungsschutzfrist, dann sollten Sie spätestens zwei Wochen nach Ausspruch der Kündigung den Arbeitgeber über Ihre Schwangerschaft bzw. Mutterschaft informieren. Dieses sollte aus Beweisgründen am besten schriftlich geschehen. Die Kündigung wird dann unwirksam.

Sollte Ihr Arbeitgeber von Ihnen eine ärztliche Bescheinigung verlangen, muß er hierfür die Kosten übernehmen.

Sind Sie selbst nicht sicher, ob Sie schwanger sind, sollten Sie Ihrem Arbeitgeber trotzdem auf jeden Fall mitteilen, daß möglicherweise eine Schwangerschaft besteht. Spricht der Arbeitgeber dennoch eine Kündigung aus, sollten Sie sich wieder an das Gewerbeaufsichtsamt wenden und unter Einhaltung der Dreiwochenfrist beim Arbeitsgericht Kündigungsschutzklage erheben. Zuvor sollten Sie sich allerdings umfassend juristisch beraten lassen.

War Ihnen selbst bei Erhalt der Kündigung nicht bekannt, daß Sie schwanger sind, können Sie Ihren Arbeitgeber auch noch nach Ablauf der Zweiwochenfrist über diesen Umstand informieren. Auch in diesem Fall wird die Kündigung nachträglich unwirksam.

Für Frauen, die in einem Familienhaushalt beschäftigt sind, wie z. B. Kindermädchen, Hausgehilfinnen, Haushälterinnen oder Erzieherinnen, gilt lediglich ein eingeschränkter Kündigungsschutz bis zum Ablauf des 5. Schwangerschaftsmonats. Nach der Rechtsprechung des Bundesarbeitsgerichts wird dem Arbeitgeber das Recht zugestanden, diese Arbeitnehmerinnen unter Wegfall ihrer Bezüge von der Arbeit zu suspendieren, wenn eine weitere Beschäftigung für ihn unzumutbar geworden ist. Hierbei handelt es sich eindeutig um eine äußerst frauenfeindliche und diskriminierende Regelung, deren Verfassungsmäßigkeit sicherlich fragwürdig ist. Nach der Beendigung ihres Arbeitsverhältnisses können diese Arbeitnehmerinnen allerdings für die Zeit bis zur Zahlung des Mutterschaftsgeldes von ihrer gesetzlichen Krankenkasse die Zahlung einer Sonderleistung in Höhe ihres bisherigen Nettoverdienstes beanspruchen.

Der Kündigungsschutz nach dem Mutterschutzgesetz gilt nicht bei einem befristeten Arbeitsverhältnis. Dieses endet stets mit Ablauf der ursprünglich vereinbarten Zeit. Hat der Arbeitgeber Ihnen jedoch eine Verlängerung des Vertrages zugesagt, wäre es unzulässig, wegen der zwischenzeitlich eingetretenen Schwangerschaft hiervon zurückzutreten.

Unabhängig vom Kündigungsverbot des Arbeitgebers können Sie während der Schwangerschaft sowie während der Schutzfrist nach der Entbindung ohne Einhaltung einer Frist zum Ende der Schutzfrist kündigen (§ 10 MSchG). In der Regel wirkt sich eine solche Eigenkündigung für Sie aber nur nachteilig aus. Sie sollten daher besser die Möglichkeit eines Erziehungsurlaubs in Erwägung ziehen. Haben Sie Ihr Arbeitsverhältnis gekündigt und werden Sie innerhalb eines Jahres nach der Entbindung in demselben Betrieb wieder eingestellt, gilt Ihr Arbeitsverhältnis nicht als unterbrochen. Dies kann für solche Ansprüche wichtig sein, die sich aus der Dauer Ihrer Betriebszugehörigkeit ergeben.

Trotz Kündigungsschutz darf das Arbeitsverhältnis in beiderseitigem Einvernehmen durch einen sog. Aufhebungsvertrag beendet werden. In der Regel versuchen Arbeitgeber, schwangeren Frauen bzw. Müttern unter Hinweis auf eine – auf den ersten Blick – verlockende Abfindung diese Lösung schmackhaft zu machen. Ein solcher Vorschlag Ihres Arbeitgebers dürfte allerdings eher auf eigennützigen Überlegungen beruhen. Schließlich stehen den Frauen, die dem Mutterschutz unterliegen, erhebliche finanzielle Leistungen zu. Hier sollten Sie also ganz kritisch prüfen, ob es sich im Vergleich dazu bei der Abfindung nicht lediglich um einen Tropfen auf den heißen Stein handelt.

22. Was ist Erziehungsurlaub?

Berufstätige Mütter und Väter haben nach Beendigung der Mutterschutzfrist Anspruch auf bis zu 36 Monate Erziehungsurlaub. Für Kinder, die vor dem 1.1.1992 geboren wurden, belief sich der Erziehungsurlaub auf höchstens 18 Monate.

Wenn Sie ein Kind adoptiert haben, können Sie innerhalb einer Rahmenfrist bis zum Ende des 7. Lebensjahres des Kindes 3 Jahre Erziehungsurlaub nehmen.

Erziehungsurlaub steht grundsätzlich allen ArbeitnehmerInnen zu. Auch Auszubildende, UmschülerInnen, HeimarbeiterInnen sowie zur beruflichen Fortbildung oder geringfügig Beschäftigte können Erziehungsurlaub verlangen. Dabei ist es unerheblich, ob das Arbeitsverhältnis auf Dauer, befristet oder als Teilzeitarbeit geschlossen wurde. Befristete Verträge verlängern sich allerdings durch den Erziehungsurlaub grundsätzlich nicht. Ausnahmen: Ausbildungsverträge, Verträge wissenschaftlicher MitarbeiterInnen nach dem Hochschulrahmengesetz und Verträge von ÄrztInnen nach dem Weiterbildungsgesetz.

Beamte haben Anspruch auf Erziehungsurlaub nach den Erziehungsurlaubsverordnungen des Bundes und der Länder. Berufs- und Zeitsoldaten sowie Wehr- und Zivildienstleistende können ebenfalls Erziehungsurlaub nehmen.

Voraussetzung für den Anspruch auf Erziehungsurlaub ist, daß Sie Ihren Wohnsitz oder Ihren gewöhnlichen Aufenthalt in der Bundesrepublik Deutschland haben, mit Ihrem Kind im selben Haushalt leben, es überwiegend selbst betreuen und erziehen sowie daß Sie während des Erziehungsurlaubs keine bzw. keine volle

Erwerbstätigkeit ausüben. Wenn Sie verheiratet sind oder in nichtehelicher Lebensgemeinschaft leben, können Sie Erziehungsurlaub geltend machen, wenn der andere Elternteil erwerbstätig, in der Ausbildung oder arbeitslos ist. Dagegen wird kein Erziehungsurlaub gewährt, sofern der Partner nicht erwerbstätig bzw. Frührentner ist oder gerade selbst Erziehungsurlaub hat.

Sind beide Eltern erwerbstätig, können sie selbst entscheiden, wer von beiden das Kind nach der Mutterschutzfrist betreuen und hierfür Erziehungsurlaub nehmen möchte. Dabei ist auch eine Aufteilung zwischen den Eltern möglich, so daß sich beide beim Erziehungsurlaub abwechseln. Es ist sogar zulässig, den Erziehungsurlaub zu unterbrechen und wiederaufzunehmen. Daher können sich Mutter und Vater während des Erziehungsurlaubs auch mehrfach abwechseln, allerdings höchstens bis zu dreimal.

Der Erziehungsurlaub kann, muß jedoch nicht 36 Monate lang in Anspruch genommen werden. Sie können ihn also ganz nach Ihrer Lebensplanung gestalten. Auf jeden Fall müssen Sie Ihren Erziehungsurlaub jedoch spätestens vier Wochen vor dem geplanten Beginn bei Ihrem Arbeitgeber beantragen und ihm gegenüber verbindlich erklären, wie lange er dauern soll. Das heißt: Eine Mutter, die ihren Erziehungsurlaub gleich im Anschluß an die achtwöchige (bzw. zwölfwöchige) Mutterschutzfrist in Anspruch nehmen will, muß diesen spätestens vier Wochen bzw. acht Wochen nach der Geburt ihres Kindes bei ihrem Arbeitgeber geltend machen. Dies können Sie zwar mündlich tun, aus Beweisgründen empfiehlt es sich jedoch, den Erziehungsurlaub schriftlich zu beantragen. Formvorschriften sind hierbei nicht zu beachten. Es ist auch nicht erforderlich, daß Sie in Ihrem Antrag dem Arbeitgeber bereits mitteilen, ob Sie nach Beendigung des Erziehungsurlaubs Ihr Arbeitsverhältnis fortsetzen möchten oder nicht.

Ihr Anspruch auf Erziehungsurlaub wird mit dem Zugang beim Arbeitgeber wirksam. Es bedarf also keiner ausdrücklichen Zustimmung des Arbeitgebers zu Ihrem Erziehungsurlaub. Versäumen Sie die Antragsfrist, können Sie Ihren Erziehungsurlaub auch erst später beginnen.

Haben Sie Ihren Erziehungsurlaub lediglich für eine beschränkte Dauer beantragt, kann Ihnen eine Verlängerung später nur mit Zustimmung Ihres Arbeitgebers gewährt werden. Das gilt natürlich umgekehrt genauso für den Fall, daß Sie Ihren Erziehungsurlaub verkürzen möchten. In beiden Fällen müssen Sie schon wichtige bzw. unvorhergesehene Gründe vortragen, damit Ihr Arbeitgeber Ihrem Anliegen zustimmt. Ein solcher Fall könnte z. B. gegeben sein, wenn Ihr Partner plötzlich von seiner Firma für bestimmte Dauer in eine andere Stadt versetzt wird.

Während des Erziehungsurlaubs dürfen Sie bis zu 19 Stunden wöchentlich bei Ihrem bisherigen Arbeitgeber teilzeitbeschäftigt sein. Dieses Vorhaben können Sie ihm bereits in Ihrem Antrag auf Erziehungsurlaub mitteilen. Mit Hilfe einer solchen Teilzeitarbeit während des Erziehungsurlaubs würden Sie nicht den Kontakt zu Ihrer alten Firma verlieren und hätten es beim Wiedereinstieg nach der »Baby-Pause« bestimmt leichter.

Wenn der Arbeitgeber einverstanden ist, kann man auch bei einem anderen Arbeitgeber bis zu 19 Wochenstunden berufstätig sein. Ist Ihr bisheriger Arbeitgeber mit dieser Absicht nicht einverstanden, muß er die Verweigerung seiner Zustimmung innerhalb von vier Wochen schriftlich begründen. Die Ablehnung kann er nur mit entgegenstehenden betrieblichen Interessen rechtfertigen.

Waren Sie bei Ablauf der Mutterschutzfrist arbeitsunfähig krank geschrieben, dürfen Sie den Antritt Ihres Erziehungsurlaubs so lange aufschieben, bis Sie wieder gesund sind. In der Zwischenzeit muß der Arbeitgeber Ihren Lohn bzw. Ihr Gehalt fortzahlen.

Für die Dauer des Erziehungsurlaubs bleibt Ihr Arbeitsverhältnis auf jeden Fall bestehen. Sie haben während dieser Zeit allerdings keinen Lohn- bzw. Gehaltsanspruch. Dasselbe gilt auch für vermögenswirksame Leistungen, die vom Arbeitgeber übernommen wurden.

Zwar gilt die Zeit des Erziehungsurlaubs nicht als Berufsbildungszeit, jedoch erwachsen Ihnen durch den Erziehungsurlaub keine Nachteile im Hinblick auf eine etwaige betriebliche Altersversorgung.

Für Kinder, die bis zum 31.12.1991 geboren wurden, wird dem betreuenden Elternteil, der in dieser Zeit nicht berufstätig war, ein Erziehungsjahr in der gesetzlichen Rentenversicherung angerechnet. Dagegen werden für Kinder, die nach dem 1.1.1992 zur Welt gekommen sind, drei Jahre rentenbegründend bzw. -steigernd berücksichtigt. Die Erziehungszeiten werden auf der Grundlage von 75 % des Durchschnittsverdienstes aller Versicherten bewertet.

Sind Sie Mitglied der gesetzlichen Krankenversicherung, bleibt Ihre Mitgliedschaft auch während des Erziehungsurlaubs bestehen. Solange Sie Erziehungsgeld oder Landeserziehungsgeld bzw. Familiengeld beziehen, sind Sie außerdem in der Arbeitslosenversicherung beitragsfrei versichert.

Wenn Sie Erziehungsurlaub nehmen, kann der Arbeitgeber Ihren Erholungsurlaub anteilig für jeden vollen Monat Erziehungsurlaub um ein Zwölftel kürzen. Von dieser Kann-Vorschrift muß Ihr Arbeitgeber allerdings nicht unbedingt Gebrauch machen. Ein restlicher Erholungsurlaub wird in der Regel nach Abschluß des Erziehungsurlaubs im laufenden oder im darauffolgenden Urlaubsjahr gewährt. Ihr Anspruch erlischt dabei nicht – wie im Normalfall – automatisch mit Ablauf des 31. März (30. April) des Folgejahres. Wenn das Arbeitsverhältnis jedoch mit Ablauf des Erziehungsurlaubs endet, wird der Urlaub in Geld abgegolten.

Während des Erziehungsurlaubs genießen Sie grundsätzlich absoluten Kündigungsschutz. Dieser ist sogar noch umfassender als der Kündigungsschutz nach dem Mutterschutzgesetz, weil er auch für Frauen gilt, die in einem Familienhaushalt beschäftigt sind (z. B. Kindermädchen, Hausgehilfinnen). Diesen umfassenden Kündigungsschutz haben Sie auch, wenn Sie während des Erziehungsurlaubs bis zu 19 Wochenstunden bei Ihrem Arbeitgeber teilzeitbeschäftigt sind oder wenn Sie Ihre bisherige Teilzeitarbeit bis zu 19 Wochenstunden während des Erziehungsurlaubs fortführen.

Ihr Arbeitgeber darf Ihnen während des Erziehungsurlaubs auch keine Änderungskündigung aussprechen. Eine Kündigung des Arbeitsverhältnisses ist erst nach Beendigung des Erziehungsurlaubs zulässig. Selbstverständlich muß Ihr Arbeitgeber dann die gesetzlichen bzw. im Arbeitsvertrag vereinbarten Kündigungsfristen einhalten.

Von diesem strikten Kündigungsverbot während des Erziehungsurlaubs gibt es lediglich einige wenige Ausnahmefälle, in denen der Arbeitgeber Ihr Arbeitsverhältnis – allerdings nur mit Zustimmung des Gewerbeaufsichtsamts – kündigen darf. Dies wäre z. B. anzunehmen, wenn der gesamte Betrieb oder eine Abteilung stillgelegt wird und Sie nicht in einem anderen Betrieb bzw. einer anderen Abteilung des Unternehmens beschäftigt werden können oder wenn die wirtschaftliche Existenz des Betriebes durch die Fortsetzung ihres Arbeitsverhältnisses gefährdet wäre. In der Regel kann so etwas höchstens bei Kleinbetrieben vorkommen, wenn sie z. B. wegen der kurzen Einstellungsdauer keine qualifizierte Ersatzkraft für Sie finden können. Außerdem darf der Arbeitgeber Ihnen während des Erziehungsurlaubs kündigen, wenn Sie Pflichten aus Ihrem Arbeitsvertrag in grober Weise verletzen. Dies wäre z. B. der Fall, wenn Sie Ihren Arbeitgeber beleidigen oder dem Betrieb absichtlich Schaden zufügen würden.

Seit dem 1. Januar 1991 gelten das Mutterschutz- und das Bundeserziehungsgeldgesetz auch in den neuen Bundesländern. Wenn Sie also nach Einführung dieser Gesetze Mutter geworden sind, unterliegen Sie dem vollen Kündigungsschutz grundsätzlich bis zur Beendigung des dritten Lebensjahres Ihres Kindes.

Haben Sie Ihr Kind vor dem 1. Januar 1991 bekommen und wurden Sie deshalb nach altem DDR-Recht von der Arbeit freigestellt (weil etwa für Ihr Kind kein Krippenplatz da war), kann Ihnen nicht ordentlich gekündigt werden. Um in den Genuß dieses besonderen Kündigungsschutzes zu gelangen, sollten Sie sich auf jeden Fall freistellen lassen, wenn Sie für Ihr Kind keinen Krippenplatz bekommen können. Da in Ostdeutschland immer mehr Krippen geschlossen werden, dürfte dieser Freistellungsgrund häufig gegeben sein.

Alleinerziehenden Frauen in den neuen Bundesländern, die vor dem 1. Januar 1992 ein Kind zur Welt gebracht haben, darf ebenfalls bis zum Ende des dritten Lebensjahres ihres Kindes nicht ordentlich gekündigt werden. Dieser besondere Kündigungsschutz für alleinerziehende Frauen läuft allerdings am 31. Dezember 1994 aus. Außerdem wird dieser besondere Kündigungsschutz nach altem DDR-Recht dadurch eingeschränkt, daß im Falle einer Stillegung des Betriebs bzw. eines Teils des Betriebs die fristgemäße Kündigung der Frau mit Zustimmung des Arbeitsamts zulässig ist. Aufgrund der immer noch schlechten wirtschaftlichen Situation in Ostdeutschland werden von dieser Ausnahmeregelung leider viele Frauen betroffen sein.

Der Kündigungsschutz nach dem Bundeserziehungsgeldgesetz beginnt mit der Anmeldung des Erziehungsurlaubs, frühestens jedoch sechs Wochen vor dessen Beginn.

Sie selbst können während des Erziehungsurlaubs unter Einhaltung der Kündigungsfristen das Arbeitsverhältnis kündigen. Wenn Sie zum Ende des Erziehungsurlaubs kündigen wollen, müssen Sie eine Kündigungsfrist von drei Monaten einhalten! Das heißt, Ihrem Arbeitgeber muß Ihre Kündigung spätestens drei Monate vor dem dritten Geburtstag Ihres Kindes zugehen. Sie brauchen Ihre Kündigung nicht weiter zu begründen. Aus Beweisgründen sollten Sie die Kündigung schriftlich erklären.

Wollen Sie Ihr Arbeitsverhältnis erst nach Abschluß des Erziehungsurlaubs beenden, müssen Sie die gesetzlichen bzw. im Arbeitsvertrag vereinbarten Kündigungsfristen einhalten. Die Kündigung selbst können Sie Ihrem Arbeitgeber allerdings schon während des Erziehungsurlaubs mitteilen. Sie müssen dann nach Beendigung des Erziehungsurlaubs jedoch bis zum Ablauf der Kündigungsfrist arbeiten.

Sowohl während des Erziehungsurlaubs als auch später können Sie Ihr Arbeitsverhältnis im gegenseitigen Einvernehmen mit Ihrem Arbeitgeber auch im Wege eines Aufhebungsvertrages beenden. Über die Vor- und Nachteile eines solchen Aufhebungsvertrages lesen Sie bitte in Kapitel 21 und Kapitel 34 nach. Noch besser ist es, Sie lassen sich diesbezüglich kompetent juristisch beraten.

Auf jeden Fall sollte ein Aufhebungsvertrag stets schriftlich geschlossen werden.

Abschließend sei darauf hingewiesen, daß die Erziehungsgeldstellen, die in Kapitel 23 aufgeführt sind, ebenfalls die Aufgabe
haben, ArbeitnehmerInnen über die Bedingungen und Wirkungen
des Erziehungsurlaubs zu beraten.

23. Wie bekomme ich Erziehungsgeld?

Eltern haben vom Tage der Geburt eines Kindes an unter folgenden Voraussetzungen einen Anspruch auf Erziehungsgeld:

- Sie müssen einen Wohnsitz oder Ihren gewöhnlichen Aufenthalt in der Bundesrepublik haben;
- das Kind muß von Ihnen vorwiegend selbst erzogen und betreut werden;
- Sie müssen die Personensorge für das Kind haben und mit ihm in einem Haushalt leben;
- Sie dürfen nicht erwerbstätig sein bzw. nicht mehr als 19 Stunden wöchentlich Teilzeitarbeit leisten.

Außerdem kann für nichteheliche Kinder sowie für Kinder des Ehepartners (sog. Stiefkinder) auch ohne das Recht der Personensorge ein Anspruch auf Erziehungsgeld bestehen. Ebenso wird für Adoptiv- und Pflegekinder Erziehungsgeld gezahlt.

Ausländische MitbürgerInnen können Erziehungsgeld bekommen, sofern sie im Besitz einer Aufenthaltsberechtigung oder -erlaubnis sind.

Das Erziehungsgeld beträgt monatlich 600 DM und wird für jedes Kind gezahlt. Für Kinder, die ab dem 1.1.1993 geboren wurden, beträgt die Bezugsdauer 24 Monate. Für Adoptiv- und Pflegekinder kann Erziehungsgeld auch über den 24. Lebensmonat hinaus gezahlt werden. Es gilt hier eine Rahmenfrist bis zum Ende des dritten Lebensjahres. Dabei verlängert sich die Rahmenfrist für Kinder, die ab dem 1.1.1992 geboren wurden, sogar bis zum Ende des siebten Lebensjahres.

Erziehungsgeld ist grundsätzlich steuerfrei und darf auch nicht gepfändet werden.

Wenn Sie einen dreijährigen Erziehungsurlaub in Anspruch nehmen, soll für die Zeit nach dem 24. Monat bis zum Abschluß des Erziehungsurlaubs von den Bundesländern ein Landeserziehungsgeld gezahlt werden. Bisher wird dieses in Baden-Württemberg, Bayern und Rheinland-Pfalz geleistet.

Erziehungsgeld wird nicht nur berufstätigen Frauen und Männern gewährt, Sie haben grundsätzlich auch einen Anspruch darauf, wenn Sie Hausfrau, Selbständige, Sozialhilfeempfängerin oder arbeitslos sind. Im Fall der Arbeitslosigkeit schließt allerdings der Bezug von Arbeitslosengeld – dagegen nicht von Arbeitslosenhilfe – den Anspruch auf Erziehungsgeld aus. Wenn für Sie absehbar ist, daß Sie längere Zeit arbeitslos sein werden, können Sie Ihren Anspruch auf Arbeitslosengeld auch für die Zeit des Bezuges von Erziehungsgeld ruhen lassen. Nach Inanspruchnahme des Erziehungsgeldes kann Ihnen dann das Arbeitslosengeld weiter gewährt werden.

Auch Auszubildende, SchülerInnen und StudentInnen erhalten Erziehungsgeld, unabhängig davon, ob sie ihre Ausbildung abbrechen oder nicht. Der Bezug einer Ausbildungsförderung wird auf das Erziehungsgeld nicht angerechnet. Das gilt auch für andere Sozialleistungen wie etwa Kindergeld, Wohngeld oder Sozialhilfe.

Dagegen wird laufend zu zahlendes Mutterschaftsgeld grundsätzlich auf das Erziehungsgeld angerechnet. Etwas anderes gilt nur für Kinder, die ab dem 1.1.1994 geboren wurden. Dies war bisher nur der Fall, wenn während des Erziehungsgeldbezuges ein weiteres Kind geboren wurde.

Grundsätzlich ist für den Bezug von Erziehungsgeld Voraussetzung, daß Sie keine Erwerbstätigkeit ausüben. Eine Teilzeitarbeit von nicht mehr als 19 Stunden pro Woche steht jedoch einem Anspruch auf Erziehungsgeld nicht entgegen. Dies gilt sowohl für ArbeitnehmerInnen als auch für Selbständige sowie mithelfende Familienangehörige. BeamtInnen dürfen die Hälfte der regelmäßigen Arbeitszeit leisten. In besonderen Härtefällen, vor allem wenn die Mutter oder der Vater alleinstehend ist, kann sogar eine volle Erwerbstätigkeit zulässig sein. Das Kind darf dann während der Arbeitszeit durch Verwandte, andere Personen oder in einer Krippe betreut werden. Ausnahmsweise können auch Großeltern, Tanten, Onkel, ältere Geschwister des Kindes oder deren Ehepartner das Erziehungsgeld in Anspruch nehmen, ohne daß ihnen die Personensorge zusteht, wenn die Mutter oder der Vater gestorben, schwer erkrankt oder schwerbehindert ist.

Für Kinder, die vor dem 1.1.1994 geboren wurden, wird das monatliche Erziehungsgeld in Höhe von 600 DM während der ersten sechs Lebensmonate des Kindes einkommensunabhängig gezahlt. Ab dem siebten Lebensmonat gilt für Verheiratete mit einem Kind eine Einkommensgrenze von 29 400 DM jährlich sowie für Alleinerziehende mit einem Kind von jährlich 23 700 DM. Bei jedem weiteren Kind erhöhen sich die Einkommensgrenzen um jährlich 4200 DM. Für Eltern, die in einer eheähnlichen Gemeinschaft leben, gelten die Einkommensgrenzen für Verheiratete. Wer mehr verdient, dem wird das Erziehungsgeld gemindert, und zwar um monatlich 40 DM je 1 200 DM Jahresverdienst, der über der Einkommensgrenze liegt.

Für Kinder, die ab dem 1.1.1994 geboren wurden, liegt die Einkommensgrenze vom ersten bis sechsten Lebensmonat des Kindes bei Verheirateten mit einem Kind bei jährlich 100 000 DM und bei allen anderen Berechtigten bei jährlich 75 000 DM. Liegt das Einkommen über diesen Grenzen, besteht überhaupt kein Anspruch auf Erziehungsgeld.

Bei der Berechnung der Einkommensgrenzen ist das aktuelle Einkommen zugrunde zu legen. Für den Anspruch auf Erziehungsgeld im 1. bis 12. Lebensmonat des Kindes kommt es nunmehr auf das voraussichtliche Einkommen im Geburtsjahr des Kindes an. Der Anspruch im 2. Lebensjahr des Kindes ist abhängig vom Einkommen im Kalenderjahr nach der Geburt.

Wenn Sie während des Erziehungsgeldbezuges nicht erwerbstätig sein wollen, wird Ihr Erwerbseinkommen überhaupt nicht berücksichtigt. Bei unverheirateten Antragstellerinnen, die in keiner eheähnlichen Gemeinschaft leben, ist somit kein Erwerbseinkommen zugrunde zu legen. Sind Sie verheiratet oder leben Sie in einer eheähnlichen Gemeinschaft, muß allerdings das Einkommen des Partners einbezogen werden. Wollen Sie eine Teilzeittätigkeit ausüben, wird Ihr Einkommen hieraus sowie aus der Zeit davor berücksichtigt.

Über Ihr voraussichtliches Einkommen im Geburtsjahr müssen Sie eine Erklärung abgeben. ArbeitnehmerInnen müssen außerdem eine Verdienstbescheinigung des Arbeitgebers vorlegen. Formulare hierfür befinden sich bei den Antragsunterlagen. Beim ersten Antrag ist in der Verdienstbescheinigung das Bruttogehalt oder der Bruttolohn in den vergangenen Monaten des Jahres, in denen das Kind geboren wurde, anzugeben. Einkommen aus selbständiger Tätigkeit, Gewerbebetrieb, Land- und Forstwirtschaft müssen durch den Steuerbescheid des letzten Jahres nachgewiesen werden. Liegt dieser noch nicht vor, können Sie den Steuerbescheid des vorletzten Jahres vor der Geburt vorlegen.

Die Erziehungsgeldstelle ermittelt auf der Grundlage der vorgelegten Bescheinigungen die voraussichtlichen Einkünfte des Geburtsjahres. Für das Erziehungsgeld im zweiten Lebensjahr des Kindes wird das voraussichtliche Einkommen im Kalenderjahr nach der Geburt zugrunde gelegt. Hiervon wird ein Pauschbetrag von ca. 27 Prozent (bei Beamten und vergleichbaren Personengruppen 22 Prozent) abgezogen. Unter besonderen Voraussetzungen sind außerdem weitere Abzüge möglich, so etwa bei Unterhaltszahlungen an Kinder, für die kein steuerlicher Freibetrag gewährt wird, oder wenn ein behindertes Kind zum Haushalt gehört. Das maßgebende Einkommen wird dann im Bescheid endgültig festgesetzt.

Erziehungsgeld sollten Sie sofort nach der Geburt Ihres Kindes beantragen. Der Antrag ist schriftlich bei der Erziehungsgeldstelle, in deren Bereich Sie Ihren Wohnsitz haben, einzureichen. Bei einer verspäteten Beantragung kann Erziehungsgeld lediglich für sechs Monate rückwirkend gewährt werden. Zunächst wird das Erziehungsgeld für das erste Lebensjahr des Kindes bewilligt. Für das zweite Lebensjahr müssen Sie einen neuen Antrag stellen. Mit der Bewilligung des Erziehungsgeldes für das erste Lebensjahr erhalten Sie gleichzeitig Informationen zum zweiten Antrag. Alle erforderlichen Auskünfte erhalten Sie bei Ihrer zuständigen Erziehungsgeldstelle. Diese sind in den verschiedenen Bundesländern folgenden Behörden zugeordnet:

Baden-Württemberg:	Landeskreditbank Baden-Württemberg (über die Bürgermeisterämter)
Bayern:	Familienkassen bei den Versorgungsämtern
Bremen:	Senator für Familie und Soziales (für Bremerhaven: Jugendamt)
Berlin:	Bezirksämter (Jugendamt)
Brandenburg:	Jugendämter der kreisfreien Städte und Landkreise
Hamburg:	Bezirksämter (Einwohnermeldeamt)
Hessen:	Versorgungsämter
Mecklenburg-Vorpommern:	Familienkassen bei den Versorgungsämtern
Niedersachsen:	kreisfreie Städte, Landkreise und in einigen Fällen auch kreisangehörige Gemeinden
Nordrhein-Westfalen:	Versorgungsämter
Rheinland-Pfalz:	Jugendämter der kreisfreien Städte und Landkreise
Saarland:	Versorgungsamt Saarland in Saarbrücken
Sachsen:	Familienkassen der Ämter für Familie und Soziales
Sachsen-Anhalt:	Ämter für Versorgung und Soziales
Schleswig-Holstein:	Versorgungsämter
Thüringen:	Ämter für Soziales und Familie

Wenn beide Eltern die Anspruchsvoraussetzungen für die Gewährung von Erziehungsgeld erfüllen, können sie selbst bestimmen, an wen von ihnen das Erziehungsgeld gezahlt werden soll. Sie können das Erziehungsgeld auch abwechselnd in Anspruch nehmen.

Waren Sie vor dem Bezug des Erziehungsgeldes versicherungspflichtig, bleiben Sie für die Dauer der Gewährung des Erziehungsgeldes in der gesetzlichen Krankenversicherung beitragsfrei weiterversichert. Wird während des Erziehungsgeldbezugs eine versicherungspflichtige Teilbeschäftigung ausgeübt, dann sind die entsprechenden Beiträge zu zahlen. Auch pflichtversicherte StudentInnen müssen während des Bezugs von Erziehungsgeld weiter Beiträge entrichten, wenn sie immatrikuliert bleiben.

Künftig werden die Erziehungsgeldstellen im 16. Lebensmonat des Kindes überprüfen, ob Arbeitnehmerinnen, die Erziehungsurlaub genommen haben, im Erziehungsurlaub geblieben sind. Außerdem wird geprüft, ob sie Einkünfte aus Teilzeittätigkeit haben. Wenn das Kind vor dem 1.1.1993 geboren ist, sind solche Überprüfungen im zehnten Lebensmonat des Kindes vorgesehen.

24. Wie geht es nach der »Baby-Pause« weiter?

Wie Sie nach einer Familienpause am besten wieder in den Beruf einsteigen können, hängt von verschiedenen Faktoren und Voraussetzungen ab. Zunächst einmal kommt es darauf an, wie lange Sie aus der Berufstätigkeit ausgestiegen sind. Da sich die Arbeitsbedingungen in den meisten Berufen heute immer schneller verändern, könnte es bei einer mehrjährigen Erziehungspause mangels weitergehender Fachkenntnisse für Sie schwer werden, in Ihrem alten Beruf wieder Fuß zu fassen. Beabsichtigen Sie also, sich mehrere Jahre der Kindererziehung zu widmen und erst wieder berufstätig zu werden, wenn die Kinder »aus dem Gröbsten heraus sind«, sollten Sie auf jeden Fall versuchen, während dieser Zeit auch beruflich auf dem laufenden zu bleiben. Dies können Sie z. B. dadurch, daß Sie über KollegInnen den Kontakt zu Ihrer alten Arbeitsstelle halten, sich über Fachliteratur und -zeitschriften über berufsspezifische Veränderungen informieren oder an Auffrischungs- oder Fortbildungskursen, die für Ihren Beruf wichtig sein können, teilnehmen. Solche Seminare werden z. B. von den Volkshochschulen oder von Institutionen für Erwachsenenbildung angeboten. Auf diese Weise verlieren Sie auch während Ihrer Familienpause nie ganz den Bezug zu Ihrem Beruf.

Mit der Geburt eines Kindes beginnt im Leben der Eltern ein neuer wichtiger Lebensabschnitt. Deshalb ist es nur zu verständlich, wenn Sie zunächst einfach den Wunsch haben sollten, wenigstens die ersten Jahre ausschließlich für Ihr Kind dazusein, um ihm genügend Zuwendung und Geborgenheit geben zu können. Viele Frauen hängen ihren Beruf nach der Geburt ihres Kindes deshalb einfach an den Nagel und genießen erst einmal die Zeit des Familienlebens. Vielleicht stellen Sie ja nach ein paar Jahren fest, daß Ihnen Ihr bisheriger Beruf auf die Dauer nicht mehr so viel Freude bereiten wird wie früher. Sie könnten sich deshalb während Ihrer Erziehungspause auch überlegen, gegebenenfalls einen völlig neuen Berufsweg einzuschlagen. Unter Umständen fühlen Sie sich noch nicht zu alt, eine neue bzw. eine zusätzliche Ausbildung zu machen oder ein Studium zu absolvieren. Möglicherweise verbessern Sie nach langjähriger Familienpause auf diese Weise sogar die Chancen für Ihren Wiedereintritt in das Berufsleben. Schließlich haben qualifiziertere Bewerberinnen in der Regel die besseren Einstellungschancen.

Haben Sie sich entschieden, gleich nach Beendigung des – gesetzlich vorgesehenen – Erziehungsurlaubs von höchstens drei Jahren an Ihren Arbeitsplatz zurückzukehren, sollten Sie sich während dieser Zeit möglichst regelmäßig über etwaige Veränderungen im Betrieb informieren und sich beruflich weiterbilden. Halten Sie am besten Kontakt zu Ihren früheren KollegInnen, Ihrer Vertretung und auch zu Ihrem Vorgesetzten. Bieten Sie eventuell an, Urlaubsvertretungen zu übernehmen. Vorteilhaft wäre es natürlich, wenn Sie während Ihres Erziehungsurlaubs von der Möglichkeit Gebrauch machen könnten, bis zu 19 Stunden wöchentlich Teilzeitarbeit in Ihrem Betrieb zu leisten. In diesem Fall würde Ihnen der volle Wiedereinstieg sicherlich die wenigsten Probleme bereiten. Allerdings müßten Sie Ihr Kind während der Arbeitszeit betreuen lassen, und solange es in der Bundesrepublik nicht genügend Krippen- und Kindergartenplätze gibt, dürfte dies meist nicht unproblematisch sein. Eine private Betreuungsperson, wie etwa eine Tagesmutter, kostet ja schließlich auch einiges Geld. Hier dürfte also insbesondere Ihre finanzielle Situation ausschlaggebend sein.

Ideal wäre es natürlich, wenn beide Eltern nach der Geburt ihres Kindes lediglich teilzeitarbeiten würden und sich auf diese Weise die Kindererziehung sowie die Hausarbeit untereinander aufteilen würden. Beide hätten dann das Glück, die gleiche Nähe zu ihrem Kind zu erleben und es aufwachsen zu sehen, ohne gleichzeitig den Anschluß an ihren Beruf zu verlieren. Diese Lösung kommt leider nur für solche Familien in Betracht, in denen beide Eltern trotz Teilzeittätigkeit genug verdienen, um sämtliche Lebenshaltungskosten zu finanzieren. Gleichzeitig würde sich hierdurch die Betreuung des Kindes durch eine fremde Person erübrigen, die in der Regel mit nicht unerheblichen Kosten verbunden ist. Vielleicht gleicht dieser finanzielle Vorteil die Verdiensteinbuße bei der Teilzeitarbeit wieder aus. Teilzeitstellen sind vor allem bei Behörden, Versicherungen, in der Verwaltung von Industriebetrieben und im Krankenpflegedienst zu bekommen. Aber auch in kleinen oder mittelgroßen Betrieben, wie etwa in Arztpraxen, Anwaltsbüros, Werbeagenturen oder in der Gastronomie, werden immer häufiger Teilzeitarbeitsplätze angeboten.

Im öffentlichen Dienst sowie in vielen großen Industriebetrieben gibt es inzwischen für Mütter und Väter die Möglichkeit, sogar einen längeren als den gesetzlich vorgesehenen Erziehungsurlaub zu nehmen, ohne den Verlust des Arbeitsplatzes zu riskieren. Es handelt sich hierbei um eine Art unbezahlten Sonderurlaub mit Wiedereinstellungsgarantie. Nach § 50 Abs. 2 des Bundesangestelltentarifvertrages sowie der Rechtsprechung des Bundesarbeitsgerichts (BAG, Az.: 8 AZR 251/88) haben Mütter einen Rechtsanspruch auf Urlaubsgewährung zur Betreuung ihres Kleinkindes, sofern »dienstliche Belange« dem nicht entgegenstehen. In der Praxis können Beschäftigte im öffentlichen Dienst deshalb im Anschluß an den Erziehungsurlaub in der Regel einen Sonderurlaub bis zu zwei Jahren beanspruchen. In großen Industrieunternehmen wird MitarbeiterInnen zur Kindererziehung sogar ein unbezahlter Sonderurlaub bis zu sieben Jahren gewährt. Bei solchen Firmen besteht in der Regel während dieser Zeit auch die Möglichkeit einer Teilzeitbeschäftigung.

Ähnliche familienfreundliche Regelungen sind mittlerweile ebenfalls in einige Tarifverträge aufgenommen worden, so z. B. für das Versicherungs- sowie das private Bankgewerbe, für die Metallindustrie und den Einzelhandel. Danach können Frauen 3 1/2 bis vier Jahre nach der Geburt ihres Kindes eine vergleichbare und ihrer Ausbildung angemessene Stelle beanspruchen. Allerdings ist für die Gewährung eines solchen langfristigen Erziehungsurlaubs meist eine mehrjährige Betriebszugehörigkeit Voraussetzung.

Wollen Sie von einer solchen betrieblichen Regelung Gebrauch machen, sollten Sie Ihrem Arbeitgeber natürlich rechtzeitig schriftlich mitteilen, wann Sie Ihre Berufstätigkeit wiederaufnehmen wollen. Dieses sollte mindestens ein halbes Jahr vor Ihrem Wiedereinstieg geschehen, damit Sie bei der Personalbesetzung möglichst gute Chancen haben, Ihre alte oder zumindest eine ähnliche Stelle zu bekommen.

Wenn Sie vor Ihrer Familienpause in einem kleinen oder mittelgroßen Betrieb beschäftigt gewesen sind, haben Sie leider keinen gesetzlichen oder tariflichen Anspruch auf solche Wiedereinstellungsgarantien. In diesem Fall sollten Sie vor Antritt Ihres Erziehungsurlaubs mit Ihrem Arbeitgeber möglichst eine Vereinbarung über Ihren späteren Wiedereintritt in den Betrieb schließen. Allerdings wird Ihnen Ihr Chef kaum eine verbindliche Zusage geben können, sondern Ihnen höchstens ganz unverbindlich versprechen, Sie nach der Erziehungspause – soweit betrieblich möglich – wieder einzustellen. Bei der derzeitigen wirtschaftlichen Lage ist dies auch nur zu verständlich. Wenn Ihr Arbeitgeber Sie bisher jedoch als kompetente und engagierte Mitarbeiterin schätzte und Sie während Ihrer Familienpause den Kontakt zur Firma halten, wird er sein Versprechen dann unter Umständen auch einhalten.

25. Wer betreut mein Kind?

Da die Familienarbeit immer noch ganz überwiegend von Frauen geleistet wird, können sie in der Regel ihren Wunsch nach Berufstätigkeit grundsätzlich nur verwirklichen, wenn es ihnen gelingt, die Betreuung der Kinder während der Arbeitszeit sicherzustellen. Hierbei handelt es sich um ein schwieriges Unterfangen. Schließlich hat jede vierte ganztags berufstätige Frau in Westdeutschland Kinder unter 15 Jahren zu versorgen. In Ostdeutschland ist der Anteil berufstätiger Mütter – trotz steigender Arbeitslosigkeit – noch größer. Dennoch gibt es nach wie vor viel zu wenig Kinderkrippen und Kindergärten, um die Betreuung der Kinder von berufstätigen Müttern zu gewährleisten. Eigentlich sollten Eltern ab dem 1. 1. 1996 einen gesetzlichen Anspruch auf einen Kindergartenplatz für ihr Kind haben. Dieser Anspruch sollte unabhängig davon bestehen, ob beide Eltern berufstätig sind oder nicht. Für dieses Vorhaben fehlen allerdings allein in Westdeutschland zur Zeit noch über 10 000 neue Kindergärten und etwa 50 000 ausgebildete ErzieherInnen. Hieran wird sich auf absehbare Zeit aufgrund der finanziellen Probleme der Städte und Gemeinden kaum etwas ändern.

Noch schlechter steht es für Alleinerziehende, deren Zahl stetig ansteigt. Schließlich wird zur Zeit jede dritte Ehe, in Großstädten sogar jede zweite, nach relativ kurzer Dauer geschieden. Derzeit wachsen ca. zwei Millionen Kinder in Deutschland mit nur einem Elternteil auf. Überwiegend handelt es sich hierbei um sog. Scheidungswaisen. Da nach dem geltenden Scheidungsrecht in der Regel die Männer verpflichtet sind, drei Siebtel ihres Einkommens an die geschiedene Ehefrau zu zahlen, führt diese Unterhaltsregelung bei Durchschnittsverdienern häufig dazu, daß quasi gleich zwei Sozialfälle geschaffen werden. Aufgrund des horrenden Anstiegs der allgemeinen Lebenshaltungskosten (vor allem Miete, Versicherungen, Lebensmittel), dem eine adäquate Lohnanpassung stetig hinterherhinkt, sind geschiedene Ehemänner und -frauen heute kaum noch in der Lage, ohne die Inanspruchnahme von Sozialhilfe oder eine zusätzliche Berufstätigkeit, die Kosten für ihren Lebensunterhalt abzudecken.

Da zu 90 Prozent die geschiedenen Ehefrauen das Sorgerecht für ihre Kinder erhalten, haben sie ohne die Möglichkeit einer Kinderbetreuung keine Chance, ihre finanzielle Situation durch eine eigene Berufstätigkeit zu verbessern und sich nach der Scheidung ein neues und von dem geschiedenen Partner wirklich unabhängiges Leben aufzubauen. Statt dessen bleibt ihnen häufig nur der Gang zum Sozialamt.

Fehlende Kinderbetreuungsmöglichkeiten sind außerdem der Grund für ein weiteres schwerwiegendes Problem, von dem vor allem Frauen betroffen sind. So müssen arbeitslose Mütter von kleinen Kindern beim Arbeitsamt grundsätzlich einen Kindergartenplatz oder eine vergleichbare Betreuung für ihre Kinder nachweisen. Ohne diesen Nachweis erhalten sie kein Arbeitslosengeld und werden auch nicht mehr vermittelt. Aufgrund dieser Rechtslage fallen Tausende von Arbeitnehmerinnen der Sozialhilfe zu. Besonders schlimm werden die Frauen in Ostdeutschland von diesem Problem betroffen. Allein in Potsdam leben über 100 Frauen von der Sozialhilfe, weil sie keinen Betreuungsplatz für ihr Kind finden können. Die Frauen in Ostdeutschland befinden sich in einem Teufelskreis, der insbesondere darin besteht, daß sie von einer enormen Arbeitslosigkeit betroffen sind und gleichzeitig sehr schnell ein erheblicher Geburtenrückgang eingetreten ist, der mittlerweile schon bei über 60 Prozent liegt. Viele Frauen glaubten nämlich durch Kinderlosigkeit ihre Chancen auf dem Arbeitsmarkt zu verbessern. Statt dessen wurden aufgrund des Geburtenrückgangs jede Menge Kinderkrippen und -tagesstätten geschlossen, weil diese nicht mehr voll ausgelastet waren. Außerdem konnten vor allem alleinerziehende Frauen, die nur noch Arbeitslosenhilfe bekamen, den Kindergartenplatz für ihr Kind nicht mehr bezahlen. Sobald der Platz aber nicht mehr besteht und eine andere Betreuung für ihr Kind nicht nachgewiesen werden kann, gelten sie beim Arbeitsamt nicht mehr als vermittelbar und bekommen deshalb auch kein Arbeitslosengeld. Für sie bleibt dann nur noch die Sozialhilfe.

Aufgrund dieser traurigen Realität kann jeder betroffenen Frau nur geraten werden, auf die Frage nach der Kinderbetreuung beim Arbeitsamt in jedem Fall anzugeben, daß die Betreuung während einer Berufstätigkeit sichergestellt wäre. Das muß ja schließlich nicht immer durch eine Kinderkrippe oder einen Kindergarten geschehen. Es gibt auch private Betreuungsmöglichkeiten, im günstigsten Fall durch Verwandte oder aber durch Tagesmütter.

Sollte das Arbeitsamt Ihnen Probleme machen und auf einem konkreten Nachweis der Kinderbetreuung bestehen, sollten Sie sich an die dortige Beauftragte für Frauenbelange wenden und Ihr Problem dort abklären.

Sofern die finanziellen Voraussetzungen gegeben sind, lassen viele berufstätige Eltern ihre Kinder von Tagesmüttern betreuen. Oftmals sind das Frauen, die selbst kleine Kinder haben. Inzwischen handelt es sich hierbei sogar um einen anerkannten Beruf. Tagesmütter werden auch von den Jugendämtern vermittelt. In Westdeutschland gibt es zur Zeit über 25 000 gemeldete Tagesmütter. Natürlich können Sie auch privat (z. B. mit Hilfe einer Kleinanzeige) versuchen, eine zuverlässige Frau zu finden, die Ihre und vielleicht noch andere Kinder während Ihrer Berufstätigkeit betreut. Unter Umständen können Sie hierfür staatliche finanzielle Hilfe beanspruchen. Informationen hierüber erhalten Sie bei Ihrem zuständigen Jugendamt oder über die Interessengemeinschaft für Tagesmütter in Hannover (Tel. 05 11/62 33 02).

Als weitere Betreuungsmöglichkeit kommt noch eine betriebliche Kindertagesstätte in Betracht. Solche Einrichtungen gibt es schon seit vielen Jahren bei Großunternehmen wie z. B. Bayer, Daimler-Benz oder Siemens. Es handelt sich hierbei sicherlich um eine der praktischsten Lösungen des Problems Kinderbetreuung. Deshalb sollten Sie, wenn Sie in einem kleineren oder mittleren Unternehmen beschäftigt sind, die Einrichtung einer betrieblichen Kindertagesstätte zusammen mit anderen interessierten Eltern bei der Firmenleitung anregen. Es empfiehlt sich, im Vorfeld zunächst herauszufinden, wie viele Mütter und Väter an der Einrichtung einer solchen Kindertagesstätte interessiert wären. Dies könnten Sie z. B. durch einen Aushang am Schwarzen Brett in Erfahrung bringen.

Der Bedarf für eine betriebliche Kindertagesstätte wäre schon dann gegeben, wenn etwa 20 bis 30 Kinder zu betreuen wären. Bei Kleinstbetrieben könnten Sie sich eventuell auch mit interessierten Eltern aus anderen benachbarten Betrieben zusammentun, um eine Gemeinschaftseinrichtung ins Leben zu rufen.

Sobald Sie sich auf Elternebene über Ihr Vorhaben geeinigt haben, sollten Sie den Betriebs- bzw. Personalrat von Ihrem Projekt überzeugen. Dieser kann die erforderlichen Informationen bei den zuständigen Stellen (z. B. Landesjugendbehörde) einholen und einen Kostenplan aufstellen. Den Großteil der finanziellen Belastung übernehmen in der Regel die Betriebe als einen Teil der Sozialleistungen. Durchschnittlich zahlen die Eltern für einen Platz in einer Betriebskindertagesstätte monatlich etwa zwischen 50 und 350 DM dazu. Der Betriebs- bzw. Personalrat wird das Vorhaben dann der Firmenleitung unterbreiten und um Zustimmung ersuchen. Damit das Projekt sachkundig und überzeugend vorgestellt wird, sollte hierfür möglichst eine spezielle Arbeitsgruppe gebildet werden, die sich am besten aus Betriebs- bzw. Personalratsmitgliedern und Elternvertretern zusammensetzt.

Gemeinsam mit Vertretern der Firmenleitung sollte dann eine konkrete Rahmenplanung vollzogen werden, bei der auch möglichst frühzeitig das zuständige Jugendamt beratend beteiligt werden sollte. Schließlich darf auch eine betriebliche Kindertagesstätte nicht ohne vorherige Überprüfung und Zustimmung des Jugendamtes eröffnet werden. Es empfiehlt sich außerdem, mit der Firmenleitung über die Einrichtung einer Kinderbetreuungsstätte eine Betriebsvereinbarung zu treffen.

26. Vor- und Nachteile einer Teilzeitbeschäftigung

Derzeit gibt es in der Bundesrepublik nahezu fünf Millionen Teilzeitbeschäftigte. Davon sind über 90 Prozent Frauen. Der Hauptgrund dafür dürfte darin zu sehen sein, daß sie sich nur auf diese Weise in der Lage sehen, Familie, Haushalt und Beruf unter einen Hut zu bringen. Dagegen geben sich Männer in der Regel nur mit einem Halbtagsjob zufrieden, wenn sie keine volle Stelle bekommen können. Leider gehen nur sehr wenige Familienväter freiwillig zu einer Teilzeittätigkeit über, damit sie ihre Partnerin im Haushalt entlasten und sich mehr um ihre Kinder kümmern können. Die meisten Männer fürchten allerdings, sich durch eine Halbtagstätigkeit ihre Aufstiegschancen im Beruf zu verbauen.

Angesichts der steigenden Arbeitslosenzahlen hat der Bundesarbeitsminister vorgeschlagen, vermehrt Teilzeitarbeitsplätze zu schaffen, um Arbeitslose zumindest stundenweise wieder in das Erwerbsleben einzubinden. Dabei wird gern das Nachbarland Holland als Vorbild propagiert, wo ca. 59 Prozent der Frauen und etwa 16 Prozent der Männer eine Teilzeittätigkeit ausüben. In der Bundesrepublik müßten allerdings rund 2,5 Millionen ArbeitnehmerInnen auf eine Vollbeschäftigung verzichten, um die angestrebten 5,2 Millionen neuer Teilzeitarbeitsplätze zu schaffen. Darauf wird sich in Anbetracht der stetig steigenden Lebenshaltungskosten wohl kaum jemand freiwillig einlassen. Der Teilzeitverdienst würde dann ja vielleicht gerade noch für die Miete reichen. Auch die Altersversorgung bleibt bei einer Teilzeitbeschäftigung in der Regel auf der Strecke. Bevor Sie sich also für eine Teilzeitarbeit entscheiden, sollten Sie sich über folgende Vor- und Nachteile im klaren sein:

Ein Vorteil von Teilzeittätigkeit kann darin gesehen werden, daß Ihr Kind nicht den ganzen Tag außer Haus sein und durch Dritte betreut werden muß. Auf diese Weise hat wenigstens ein Elternteil die Möglichkeit, sich täglich ausreichend mit dem Kind zu beschäftigen. Außerdem kann die Hausarbeit über die Woche besser verteilt werden. Dasselbe gilt für Einkäufe und andere wichtige Erledigungen wie z. B. Behördengänge. Nicht zu vergessen ist schließlich, daß Sie bei einer Teilzeitarbeit über genügend Freizeit verfügen, um Ihren Hobbys nachzugehen oder sich eventuell weiter- oder fortzubilden.

Dem steht auf der Negativseite entgegen, daß Sie beruflich natürlich nicht so schnell vorankommen wie in einem Full-time-Job. Leider glauben offenbar noch die meisten Arbeitgeber, daß Teilzeitbeschäftigte nicht so engagiert und karrierebewußt sind wie ihre GanztagskollegInnen. Dies führt bei Teilzeitbeschäftigten leider oftmals zu der inneren Überzeugung, sie müßten in einer 20-Stunden-Woche fast das gleiche Arbeitspensum absolvieren wie ihre vollzeitbeschäftigten KollegInnen. Auf diese Weise setzen sie sich häufig unbewußt unter einen gefährlichen Leistungsdruck, nur um dem Chef zu beweisen, daß sie mindestens gleichwertige oder sogar bessere Arbeit leisten als ganztags Beschäftigte. Untersuchungen haben außerdem ergeben, daß Teilzeitbeschäftigte seltener krank sind und während der Arbeitszeit kaum einmal zum Arzt gehen. In der Regel nehmen sie sogar schlechte Arbeitsbedingungen eher in Kauf, weil sie weniger Zeit im Betrieb verbringen.

Nachteilig kann sich eine Teilzeittätigkeit auch auf Ihre Partnerschaft auswirken, wenn der andere Partner ganztägig beschäftigt und beruflich engagiert ist. Hier kann es häufig zu Konflikten durch gegenseitiges Unverständnis oder durch Neidgefühle kommen. Schließlich haben beide Partner aufgrund der unterschiedlichen beruflichen Belastung meist auch unterschiedliche Freizeitbedürfnisse. Hinzu kommt, daß der nur halbtags beschäftigte Partner mit einer deutlich geringeren Rente bzw. mit einem geringeren

Arbeitslosengeld zu rechnen hat. Auch hierdurch kann es zu Partnerschaftsproblemen kommen.

Zwar gelten für Teilzeitarbeitsverhältnisse grundsätzlich dieselben arbeits- und sozialrechtlichen Vorschriften wie für Vollzeitarbeitsverhältnisse, doch kann es je nach der Art der Teilzeitbeschäftigung zu Nachteilen vor allem im Bereich der sozialen Sicherung kommen. Dies gilt vor allem für sog. geringfügig Beschäftigte.

Als Teilzeitbeschäftigte haben Sie grundsätzlich einen gesetzlichen Anspruch auf einen anteilig gleichen Lohn (bzw. Gehalt) wie Ihre vollzeitbeschäftigten KollegInnen. Eine unterschiedliche Vergütung ist lediglich aus sachlichen Gründen (z. B. unterschiedliche Qualifikation oder Arbeitsleistung) zulässig. Aus dem Verbot einer Ungleichbehandlung von Teilzeit- und Vollzeitbeschäftigten (§ 2 Beschäftigungsförderungsgesetz) folgt weiter, daß Sie ebenfalls einen Anspruch auf die Ihrer Arbeitszeit entsprechende anteilige Zahlung von sog. freiwilligen Leistungen des Arbeitgebers sowie übertariflichen Zulagen haben. Teilzeitbeschäftigten ist der gleiche Stundenlohn zu zahlen wie Vollzeitbeschäftigten. Sie müssen ebenso in die gleichen tariflichen oder betrieblichen Vergütungsgruppen eingestuft werden wie ihre ganztags beschäftigten KollegInnen.

Zahlt Ihr Arbeitgeber aufgrund eines Tarifvertrages oder einer Betriebs- bzw. Dienstvereinbarung besondere Sozialleistungen (z. B. Weihnachtsgratifikationen, Urlaubsgeld, Betriebsrente), haben Sie auch hierauf einen anteiligen Anspruch. Dagegen kommt es bei sog. freiwilligen Leistungen des Arbeitgebers oder solchen, die im Arbeitsvertrag geregelt sind, darauf an, ob diese nur aufgrund einer Ganztagsbeschäftigung gewährt werden. Ist dies nicht der Fall, haben Sie hierauf ebenfalls einen anteiligen Anspruch. In Zweifelsfällen sollten Sie sich an Ihren Betriebs- bzw. Personalrat wenden.

Für Teilzeitbeschäftigte gelten grundsätzlich die gleichen Arbeitszeitregelungen und Vorschriften über Pausen wie für Vollzeitbeschäftigte. Allerdings wird die Dauer und Verteilung der Arbeitszeit in der Regel arbeitsvertraglich festgelegt, wobei natürlich auch betriebliche Organisationsabläufe vom Arbeitgeber berücksichtigt werden. Der Betriebs- bzw. Personalrat hat jedoch in der Regel ein umfangreiches Mitbestimmungsrecht.

Die Überstundenregelungen für Teilzeitbeschäftigte sind strenger als die für Vollzeitbeschäftigte. Grundsätzlich sind Überstunden bei Teilzeitbeschäftigten nur zulässig, wenn ausdrücklich eine Überstundenarbeit vertraglich vereinbart wurde und ein unvorhergesehener Arbeitsanfall entstanden ist. Wurde keine Überstundenregelung getroffen, darf Ihr Chef nur in Notfällen Überstunden von Ihnen verlangen, so etwa, wenn keine vollzeitbeschäftigten KollegInnen diese übernehmen können und ohne Ihre Hilfe ein geschäftsschädigendes Ereignis eintreten würde (z. B. eine Lebensmittellieferung würde verderben). Außerdem muß vorher der Betriebs- bzw. Personalrat in Ihre Überstundenarbeit eingewilligt haben. Selbstverständlich muß Ihr Arbeitgeber Ihnen die Überstunden zusätzlich bezahlen. Allerdings sollten Sie auch auf einem Überstundenzuschlag (in der Regel 25 Prozent) bestehen, wie ihn Vollzeitbeschäftigte erhalten. Leider ist dies in den meisten Tarifverträgen noch nicht geregelt. Daher sollten Sie möglichst schon bei Abschluß des Arbeitsvertrages eine entsprechende Regelung mit aufnehmen lassen, damit es diesbezüglich später keine Probleme gibt. Anderenfalls sollten Sie sich an Ihren Betriebs- bzw. Personalrat wenden, um diese Streitfrage – sofern möglich – allgemeingültig im Betrieb klären zu lassen.

Teilzeitbeschäftigte haben unabhängig von ihrer Arbeitsstundenzahl einen Anspruch auf bezahlten Jahresurlaub. Das gilt auch für sog. geringfügig Beschäftigte. Arbeiten Sie täglich eine gewisse Stundenzahl, stehen Ihnen genauso viele Urlaubstage zu wie Ihren ganztagsbeschäftigten KollegInnen. Wenn Sie dagegen nur an einzelnen Tagen der Woche oder des Monats arbeiten, dann bekommen Sie anteilmäßig weniger Urlaub. Dabei werden arbeitsfreie Werktage, die in Ihre Urlaubszeit fallen, auf Ihren Urlaubsanspruch angerechnet. Selbstverständlich haben Sie auch Anspruch auf die Zahlung eines anteiligen Urlaubsgeldes. Für Feiertage gilt folgendes: Fallen sie auf Wochentage, an denen Sie normalerweise

arbeiten, haben Sie frei und Anspruch auf Zahlung Ihrer Arbeitsvergütung. Dagegen haben Sie bei Feiertagen außerhalb Ihrer
Teilzeittätigkeit keinerlei Ansprüche. Im Krankheitsfall haben
Teilzeitbeschäftigte ebenfalls grundsätzlich einen Anspruch auf
Lohnfortzahlung, und zwar unabhängig davon, wie viele Stunden
sie pro Woche oder Monat arbeiten. Nach der Rechtsprechung gilt
dies jetzt auch für sog. geringfügig Beschäftigte. In der Regel
orientiert sich die Höhe der Lohn- bzw. Gehaltsfortzahlung nach
dem sog. Lohnausfallprinzip. Das heißt, es müssen Ihnen die durch
Ihre Arbeitsunfähigkeit durchschnittlich ausgefallenen Arbeitsstunden ersetzt werden.

Teilzeitbeschäftigte haben grundsätzlich auch den gleichen
Kündigungsschutz (mit den gleichen Fristen) wie ihre vollzeitbeschäftigten KollegInnen. Allerdings werden sie bei sog. betriebsbedingten Kündigungen häufig als weniger sozial schutzbedürftig
angesehen und deshalb eher entlassen, was jedoch rechtswidrig
sein dürfte.

Frauen mit Teilzeitjobs haben ebenfalls Anspruch auf Mutterschutz (sechs Wochen vor und acht bzw. zwölf Wochen nach der
Entbindung) sowie auf 36 Monate Erziehungsurlaub.

Leider sind Teilzeitbeschäftigte im Bereich der Sozialversiche-
rung oftmals benachteiligt und nicht ausreichend abgesichert. Der
Umfang des Sozialversicherungsschutzes bemißt sich nämlich
grundsätzlich nach der Anzahl der Wochenarbeitsstunden. Arbeiten Sie weniger als 15 Stunden wöchentlich, besteht ein Kranken-
und Rentenversicherungsschutz nur bei einem Verdienst von mehr
als 560 DM im Monat (bzw. 440 DM in den neuen Bundesländern).
Bei mehr als 15, aber weniger als 18 Wochenstunden genießen Sie
unabhängig von der Höhe Ihres Verdienstes Kranken- und Rentenversicherungsschutz. Erst ab einer wöchentlichen Arbeitszeit von
18 Stunden haben Sie vollen Sozialversicherungsschutz im Bereich der Renten-, Kranken- und Arbeitslosenversicherung.

Leider unterschätzen viele Frauen immer noch die Bedeutung
einer eigenen sozialen Absicherung. Die Möglichkeit einer Erkrankung wird nur zu gern verdrängt, und an das Alter wird meist

überhaupt nicht gedacht. Besonders Frauen, die lediglich als sog. geringfügig Beschäftigte tätig sind, hängen völlig in der Luft. Etwas anderes gilt nur, falls Sie in mehreren geringfügigen Beschäftigungsverhältnissen stehen. In diesem Fall werden nämlich die Arbeitszeiten sowie die einzelnen Verdienste zusammengerechnet, so daß zumindest eine Versicherungspflicht in der Renten- und Krankenversicherung eintreten kann. Die Beiträge hierfür sind jeweils anteilig von den verschiedenen Arbeitgebern abzuführen.

Für verheiratete nicht sozialversicherungspflichtige teilzeitbeschäftigte Frauen besteht außerdem die Möglichkeit, sich über ihren Ehemann in der gesetzlichen Krankenversicherung mitversichern zu lassen (sog. Familienversicherung).

Aufpassen müssen Sie, wenn zwischen Ihren Teilzeitbeschäftigungen längere Pausen liegen. Dauert nämlich die freie Zeit zwischen zwei Arbeitsphasen länger als einen Monat, entfällt Ihr Krankenversicherungsschutz. In diesem Fall sollten Sie sich rechtzeitig freiwillig in der gesetzlichen Krankenversicherung weiterversichern lassen (der monatliche Mindestbeitrag beträgt in Westdeutschland ca. 130 DM und in Ostdeutschland 75 DM). Eine andere Möglichkeit besteht natürlich auch darin, eine private Krankenversicherung abzuschließen, die allerdings erheblich teurer sein dürfte.

27. Welche Arten von Teilzeitarbeit gibt es?

In der Praxis sind die folgenden sieben verschiedenen Modelle für Teilzeitarbeit am häufigsten vertreten:

- **Halbtagsarbeit:**
  Hierbei handelt es sich nach wie vor um die wohl häufigste Form der Teilzeitarbeit. Dabei werden vier bis fünf Stunden täglich gearbeitet. Knapp zwei Drittel aller Halbtagsbeschäftigten arbeiten vormittags, lediglich ungefähr ein Fünftel nachmittags. Der Grund dafür dürfte darin zu erblicken sein, daß Halbtagsjobs in der Regel von Müttern ausgeübt werden, die ihre Kinder vormittags in einer Kinderbetreuungsstätte untergebracht haben. Unter Umständen könnte es daher leichter sein, eine Teilzeitarbeit in der Nachmittagsschicht zu bekommen, weil diese weniger begehrt ist.

- **Tageweise Arbeit:**
  Bei dieser Form der Teilzeittätigkeit wird lediglich an bestimmten Tagen entsprechend der üblichen Betriebszeiten voll gearbeitet. An den anderen Wochentagen haben Sie dagegen frei. Auf diese Weise kann z. B. eine 25-Stunden-Woche mit drei Arbeitstagen zustande kommen.

- **Arbeit im wöchentlichen Wechsel:**
  Hierbei handelt es sich um ein Modell, bei dem Sie eine Woche – also fünf Tage lang – ganztags arbeiten und dafür die darauffolgende Woche frei haben. Eine solche Stelle

kann vorteilhaft sein, wenn Sie z. B. nebenbei noch freiberuflich arbeiten oder einfach eine längere Zeit für sich zur Verfügung haben wollen.

- **Job-sharing:**
  Hier teilen sich jeweils zwei oder auch mehr KollegInnen einen Arbeitsplatz und wechseln sich bei der Arbeit in eigener Regie ab. Der Vorteil besteht darin, daß zwar die Arbeitszeiten festgelegt sind, daß Sie jedoch selbst bestimmen können, wann Sie und Ihre KollegInnen Ihre Arbeit leisten. Auf diese Weise können Sie in Absprache mit Ihren KollegInnen die Arbeitszeit flexibel gestalten und z. B. Arzttermine oder Behördengänge problemlos wahrnehmen. Es muß allerdings stets sichergestellt sein, daß der Arbeitsplatz besetzt ist. Scheidet ein Job-sharing-Partner aus dem Arbeitsverhältnis aus, darf den verbleibenden ArbeitnehmerInnen der Arbeitsplatz nicht gekündigt werden. Der Arbeitgeber ist vielmehr verpflichtet, den frei gewordenen Arbeitsplatz neu zu besetzen. Relativ neu ist auch die Einrichtung eines sog. Familienarbeitsplatzes. Dabei teilt sich in der Regel ein Ehepaar eine Ganztagsstelle. So können sie sich abwechselnd der Kinderbetreuung widmen und trotzdem berufstätig bleiben.

- **Teilzeitarbeit in eigener Regie:**
  In diesem Fall wird mit dem Arbeitgeber eine bestimmte Anzahl von Wochenstunden vereinbart, die Sie sich selbst einteilen dürfen.

- **Jahresarbeitszeitvertrag:**
  Bei dieser Art von Teilzeitarbeit müssen Sie mehrere Monate am Stück ganztags arbeiten und dafür einige Monate überhaupt nicht. Dieses Modell wird häufig bei sog. SaisonarbeiterInnen (z. B. in der Gastronomie) angewendet. Pro Jahr beträgt die Soll-Arbeitszeit ca. 1040 Stunden. Dies

entspricht also etwa einer 20-Stunden-Woche. Im Unterschied zu Aushilfskräften sind Sie trotzdem das ganze Jahr über sozialversichert.

- **Arbeit auf Abruf:**
  Sie werden hier lediglich bei Bedarf von Ihrem Arbeitgeber zur Arbeit angefordert. Allerdings muß er Ihnen mindestens vier Tage vorher Bescheid geben, wann Sie eingesetzt werden. Es ist außerdem gesetzlich vorgeschrieben, daß die Zahl der monatlichen Arbeitsstunden genau festgelegt werden muß, damit Sie nicht der Willkür des Arbeitgebers ausgesetzt sind.

28. Was ist ein Zeitvertrag?

Bei einem Zeitvertrag handelt es sich stets um ein befristetes Arbeitsverhältnis. Es endet zu dem im Vertrag festgelegten Zeitpunkt.

Zeitverträge sind grundsätzlich nur unter bestimmten Voraussetzungen zulässig. So dürfen etwa nach dem Berufsförderungsgesetz noch bis Ende 1995 in den folgenden Fällen Zeitarbeitsverträge geschlossen werden, die einmalig und grundsätzlich auf höchstens 18 Monate befristet sein dürfen:

- Der/die ArbeitnehmerIn muß neu eingestellt werden. Es darf sich also nicht um einen sog. »Kettenarbeitsvertrag« handeln, der immer nur für einen bestimmten Zeitraum verlängert wird. Deshalb darf auch das Arbeitsverhältnis mit demselben Arbeitgeber nicht weniger als vier Monate zurückliegen.
- Ein/e ArbeitnehmerIn darf unmittelbar nach der Beendigung seiner/ihrer Berufsausbildung vorübergehend weiterbeschäftigt werden, wenn kein Dauerarbeitsplatz im Betrieb zur Verfügung steht. Dieses gilt auch für ArbeitnehmerInnen, die kündigungsrechtlich besonders geschützt sind (wie z. B. Schwerbehinderte).
- Der Arbeitsvertrag darf höchstens auf zwei Jahre befristet werden, wenn sich der Arbeitgeber innerhalb der letzten sechs Monate vor Vertragsabschluß selbständig gemacht hat. Allerdings darf er bei Abschluß des Zeitvertrages höchstens 20 MitarbeiterInnen beschäftigen, wobei Auszubildende, UmschülerInnen u. ä. nicht mitgezählt werden.

Darüber hinaus gibt es weitere spezielle Regelungen, die Zeitverträge ausdrücklich zulassen. So darf z. B. nach dem »Gesetz über die Gewährung von Erziehungsgeld und Erziehungsurlaub« (Bundeserziehungsgeldgesetz) eine Vertretung für die Zeit des Erziehungsurlaubs befristet eingestellt werden. Ebenso ermöglicht das Hochschulrahmengesetz befristete Arbeitsverhältnisse bei medizinischen, wissenschaftlichen und künstlerischen MitarbeiterInnen im Bereich von Hochschulen und wissenschaftlichen Einrichtungen. Dabei muß die Dauer der Befristung den besonderen Verhältnissen der jeweiligen Berufsgruppe entsprechen.

Außerdem ist ein Zeitarbeitsvertrag zulässig, wenn unter Abwägung der Interessen des Arbeitgebers sowie des/der ArbeitnehmerIn ein sachlicher Grund für das befristete Arbeitsverhältnis gegeben ist. Ein solcher Grund kann z. B. dann angenommen werden, wenn Sie eine/n kranke/n ArbeitskollegIn vorübergehend vertreten sollen oder wenn nur für eine bestimmte Zeit ein zusätzlicher Arbeitskräftebedarf vorhanden ist. Besteht in einer Firma allerdings ein ständiger Ersatzbedarf, dann ist die befristete Einstellung von ArbeitnehmerInnen als Aushilfskräfte nach der Rechtsprechung des Bundesarbeitsgerichts unzulässig.

Auch Saisonarbeit oder die Probezeit sind grundsätzlich als sachliche Gründe für einen Zeitvertrag anerkannt. Bei einem Probearbeitsverhältnis sollten Sie darauf achten, daß mindestens eine Probezeit von sechs Monaten vereinbart wird, weil Sie sich erst nach dieser Zeit auf das Kündigungsschutzgesetz berufen können. Ansonsten gelten in einem befristeten Arbeitsverhältnis grundsätzlich für alle Beteiligten dieselben Rechte und Pflichten wie bei einem unbefristeten Vertrag. Sofern das Recht auf ordentliche Kündigung nicht ausdrücklich festgelegt wurde, kann das Arbeitsverhältnis bis zum Ende des Zeitvertrages nicht ordentlich gekündigt werden. Danach wird das Arbeitsverhältnis unweigerlich aufgelöst, ohne daß Sie Kündigungsschutz in Anspruch nehmen können. Das gilt auch, wenn Sie während des befristeten Arbeitsverhältnisses schwanger werden. Sie genießen in diesem Fall weder den Kündigungsschutz nach dem Mutterschutzgesetz noch nach dem Erziehungsgeldgesetz. Während des befristeten Arbeitsverhältnisses können Sie oder der Arbeitgeber jederzeit aus wichtigem Grund außerordentlich kündigen.

Führt der Arbeitgeber nach Ablauf der Befristung das Arbeitsverhältnis mit Ihnen fort, wird dadurch ein unbefristetes Arbeitsverhältnis begründet. Sie haben dann vollen allgemeinen und besonderen Kündigungsschutz.

29. Wie kann ich meinen Job kündigen?

Grundsätzlich können Sie ein Arbeitsverhältnis unter Einhaltung der Kündigungsfristen immer kündigen. Etwas anderes gilt nur bei Zeitverträgen, bei denen die Möglichkeit einer ordentlichen Kündigung nicht vertraglich vereinbart wurde.

Beachten Sie auf jeden Fall, daß das Arbeitsamt Sie bei einer Eigenkündigung in der Regel mit einer Sperrfrist von zwölf Wochen belegen wird. Erst danach haben Sie einen Anspruch auf Arbeitslosengeld. Ausnahmen von dieser Regelung sind allerdings denkbar, wenn Ihr Arbeitgeber etwa Ihre Kündigung selbst provoziert hat. Diesbezüglich sollten Sie sich bei Ihrem zuständigen Arbeitsamt informieren.

Außerdem können Sie ein Arbeitsverhältnis außerordentlich, also fristlos kündigen, sofern Sie sich hierzu aus einem wichtigen Grund gezwungen sehen. In diesem Fall sollten Sie sich – zur Vermeidung von Nachteilen und eventuellen Schadensersatzpflichten – auf jeden Fall vorher juristisch beraten lassen. Ebenso sollten Sie sich bei Ihrem zuständigen Arbeitsamt über das Risiko einer etwaigen Sperrfrist für den Bezug von Arbeitslosengeld informieren.

30. Welche Bedeutung hat eine Abmahnung?

Wenn Sie bei der Arbeit Fehler machen oder z. B. häufiger zu spät kommen, darf Ihnen Ihr Arbeitgeber nicht sofort kündigen. Er muß Sie vielmehr zunächst auf Ihr Fehlverhalten und die etwaigen Konsequenzen aufmerksam machen. Dies geschieht in der Regel durch eine sog. Abmahnung des Arbeitgebers. Diese kann sowohl mündlich als auch schriftlich erfolgen. Aus Beweisgründen wird Ihr Arbeitgeber grundsätzlich die schriftliche Form bevorzugen.

Auch vor einer fristlosen Kündigung ist es in der Regel erforderlich, daß Ihr Arbeitgeber Sie zunächst abgemahnt hat. Ohne Abmahnung kann nur gekündigt werden, wenn es sich um eine schwerwiegende Pflichtverletzung des Arbeitnehmers handelt (z. B. ein Diebstahl im Betrieb).

Eine Abmahnung ist nur unter folgenden Voraussetzungen wirksam:

- Der Arbeitgeber muß das fehlerhafte Verhalten des Arbeitnehmers genau beschreiben und
- gleichzeitig für den Wiederholungsfall die Kündigung des Arbeitsverhältnisses androhen.

Häufig wird lediglich ganz pauschal wegen »unkorrekter Arbeitsweise« abgemahnt. Eine solch vage Umschreibung dürfte nicht die Anforderungen erfüllen, die an eine wirksame Abmahnung zu stellen sind. Dennoch sollten Sie eine solche, möglicherweise fehlerhafte Abmahnung nicht einfach auf die leichte Schulter nehmen. Schließlich kommt jede Abmahnung in Ihre Personalakte. Sollten Sie bei Ihrem Chef bereits auf der »Abschußliste« stehen, wird er sich im Falle einer Kündigung dann auch auf diese unspezifische Abmahnung berufen.

Wenn Sie vorhaben, weiterhin in dem Betrieb zu arbeiten, sollten Sie daher auf jeden Fall etwas gegen die Abmahnung unternehmen. Ist die Abmahnung unberechtigt erfolgt, können Sie ihre Entfernung aus der Personalakte verlangen. Diesbezüglich können Sie auch beim Betriebs- bzw. Personalrat um Unterstützung bitten. Notfalls können Sie die Entfernung der Abmahnung aus der Personalakte sogar im Klagewege erzwingen. Hierbei sollten Sie allerdings bedenken, ob Sie sich mit einer solchen Maßnahme nicht zuviel böses Blut im Betrieb machen. Außerdem wird jede Abmahnung grundsätzlich nach zwei bis drei Jahren aus der Personalakte entfernt. Der Arbeitgeber kann dann eine Kündigung nicht mehr auf eine solche frühere Abmahnung stützen.

Bis dahin können Sie aber darauf bestehen, daß Ihre Gegendarstellung zu dem Vorwurf des Arbeitgebers in Ihre Personalakte geheftet wird. Dadurch haben Sie die Möglichkeit, den Sachverhalt richtigzustellen und unberechtigte Vorwürfe zu entkräften. Das kann z. B. wichtig sein, wenn Ihnen aufgrund der Abmahnung gekündigt wurde und Sie die Kündigung im Klagewege anfechten.

Auch bei sehr allgemein gehaltenen Rügen sollten Sie sich tunlichst im Wege einer Gegendarstellung zur Wehr setzen. Dies gilt auch, wenn Sie tatsächlich Ihre Pflichten verletzt haben sollten. In diesem Fall sollten Sie vor allem die Gründe darlegen, wie es zu dem abgemahnten Vorfall gekommen ist. Machen Sie auch deutlich, daß es sich lediglich um eine Ausnahmesituation gehandelt hat, damit durch die Abmahnung nicht der Eindruck entsteht, daß Sie generell fehlerhaft arbeiten.

Auch wenn Sie auf die Abmahnung überhaupt nicht reagiert haben, können Sie natürlich später gegen eine darauf gestützte Kündigung Klage erheben und die abgemahnte Pflichtverletzung bestreiten.

31. Wenn der Arbeitgeber kündigt

Der Arbeitgeber kann ein Arbeitsverhältnis ordentlich, also unter Einhaltung der tariflichen oder gesetzlichen Kündigungsfristen, oder außerordentlich, das heißt fristlos, kündigen. Außerdem gibt es noch die sog. Änderungskündigung.

Die Kündigung ist eine einseitige, empfangsbedürftige Willenserklärung, die den Termin für die Beendigung eines Arbeitsverhältnisses festlegen soll. Sie ist deshalb nur dann wirksam, wenn sie dem Gekündigten auch zugeht. Dies kann sowohl mündlich (sogar auch telefonisch) als auch schriftlich geschehen, sofern sichergestellt ist, daß sie den Empfänger auch erreicht. Bei Auszubildenden muß die Kündigung allerdings stets schriftlich und mit Begründung erfolgen (vgl. Kapitel 4). Ansonsten ist für die Kündigung eine bestimmte Form nur einzuhalten, wenn dieses vertraglich vereinbart wurde. So sehen z. B. viele Tarifverträge ausschließlich eine schriftliche Kündigung vor. Wird sie lediglich mündlich ausgesprochen, ist sie nichtig.

Liegt jedoch keine Vereinbarung über die Schriftform vor und spricht der Chef die Kündigung in Ihrer Gegenwart persönlich aus, dann wird diese sofort wirksam. Es ist dabei noch nicht einmal erforderlich, daß das Wort »Kündigung« fällt, wenn Sie aus der Erklärung des Arbeitgebers und den gegebenen Umständen schließen müssen, daß das Arbeitsverhältnis als beendet gelten soll. Eine schriftliche Kündigung wird dann wirksam, wenn sie Ihnen entweder per Boten überbracht oder zu den verkehrsüblichen Zeiten in Ihren Briefkasten geworfen wird. Um bei der Zustellung durch die Post einen Beweis in der Hand zu haben, werden schriftliche Kündigungen meist als Einschreibebriefe zugesandt. Trifft der Postbote jedoch weder Sie noch einen Familienangehörigen an, gilt die Kündigung erst dann als zugestellt, wenn Ihnen der Einschreibebrief aufgrund des Benachrichtigungsscheins beim Postamt ausgehändigt wird. Da Sie allerdings nicht verpflichtet sind, zu der Zeit, wenn in Ihrer Straße üblicherweise die Post ausgeliefert wird, im Hause zu sein oder gar aufgrund eines Benachrichtigungsscheins einen Brief von der Post abzuholen, kann die vom Arbeitgeber berechnete Kündigungsfrist unter Umständen überschritten werden. Eine Ausnahme davon besteht nur dann, wenn Sie z. B. aufgrund eines vorangegangenen Hinweises mit der Zusendung der Kündigung rechnen mußten. Eine Kündigung gilt nach der Rechtsprechung des Bundesarbeitsgerichts auch dann als wirksam zugegangen, wenn Sie während dieser Zeit gerade im Urlaub sind.

Grundsätzlich ist eine Kündigung unwiderruflich. Das heißt, nur wenn der Gekündigte ausdrücklich zustimmt, läßt sich die Kündigung nachträglich wieder aufheben. In diesem Fall besteht das Vertragsverhältnis so fort, als sei es gar nicht zu einer Kündigung gekommen.

Außerdem darf eine Kündigung nicht bedingt ausgesprochen werden, etwa dergestalt, daß die Kündigung erst wirksam werde, wenn der Arbeitnehmer ein bestimmtes Verhalten nicht ändere. Eine Ausnahme vom Grundsatz der Unbedingtheit einer Kündigung gilt jedoch bei einer sog. Änderungskündigung. Eine solche darf bedingt für den Fall ausgesprochen werden, daß der Arbeitnehmer sich mit einer wesentlichen Änderung des bisherigen Arbeitsverhältnisses nicht einverstanden erklärt.

Für Kündigungen besteht grundsätzlich keine Begründungspflicht. Ausnahmen gelten lediglich für Ausbildungsverträge oder bei entsprechenden Vereinbarungen in einem Tarifvertrag. Bei einer außerordentlichen Kündigung muß der Arbeitgeber dem Gekündigten jedoch die Gründe auf Wunsch mitteilen. Kommt er diesem Verlangen nicht nach, kann er sich unter Umständen schadensersatzpflichtig machen.

Sofern auf Ihr Arbeitsverhältnis das Kündigungsschutzgesetz Anwendung findet (vgl. Kapitel 32), haben Sie auch bei einer ordentlichen Kündigung einen Anspruch auf Mitteilung der Kündigungsgründe, damit Sie in einem möglichen Prozeß uneingeschränkt Ihre Rechte wahrnehmen können. Anhand des nachfolgenden Musterbriefes können Sie sehen, wie Sie Ihren Arbeitgeber zur Begründung der Kündigung auffordern können.

Name
Adresse   Datum

Sehr geehrter Herr (Name des Arbeitgebers),
mit Schreiben vom (Datum) wurde mir die ordentliche Kündigung ausgesprochen. Allerdings haben Sie Ihren Entschluß, mein Arbeitsverhältnis zu kündigen, in diesem Schreiben nicht begründet. Daher bitte ich Sie hierdurch, mir die Kündigungsgründe nachträglich schriftlich mitzuteilen.
Sollte es sich um betriebsbedingte Gründe handeln, bitte ich gleichzeitig um Mitteilung, nach welchen Kriterien Ihre Sozialauswahl getroffen wurde.

Mit freundlichem Gruß
(Ihre Unterschrift)

Ist in Tarifverträgen oder Betriebsvereinbarungen die Mitteilung von Kündigungsgründen festgelegt worden und fehlen diese, dann ist die Kündigung unwirksam.

Wenn Sie gegen eine Kündigung, für die Ihnen keine Gründe mitgeteilt wurden, Kündigungsschutzklage erheben (vgl. Kapitel 33), dann muß das Gericht Ihren Arbeitgeber unter Setzung einer Frist auffordern, sämtliche Kündigungsgründe vorzutragen. Diese können von Ihrem Arbeitgeber im Prozeß dann nicht mehr ergänzt werden.

Der Arbeitgeber ist nicht verpflichtet, Sie vor Ausspruch der

Kündigung anzuhören. Gibt es in Ihrer Firma einen Betriebs- oder Personalrat, muß der Arbeitgeber dagegen diesen unbedingt vor einer ordentlichen oder außerordentlichen Kündigung anhören. Unterbleibt dieses, dann ist die Kündigung unwirksam, und Sie können dagegen eine Kündigungsschutzklage sogar noch nach Ablauf der ansonsten geltenden 3-Wochen-Frist erheben (vgl. Kapitel 33).

Wenn der Betriebsrat Ihrer Kündigung unter Berufung auf bestimmte gesetzliche anerkannte Gründe widerspricht, ist Ihr Arbeitgeber verpflichtet, Sie weiterzubeschäftigen. Versäumt es der Betriebsrat jedoch, innerhalb einer Woche seine Stellungnahme abzugeben, gilt sein Schweigen als Zustimmung zur Kündigung. Der Betriebsrat soll vor Abgabe einer Stellungnahme auch den betroffenen Arbeitnehmer anhören und gegebenenfalls zwischen diesem und dem Arbeitgeber vermitteln.

31.1 Die ordentliche Kündigung

Die ordentliche Kündigung, die stets mit einer Frist ausgesprochen wird, kommt grundsätzlich nur bei unbefristeten Arbeitsverhältnissen vor. Kündigungsfristen können tariflich oder gesetzlich bestimmt sein. Nach dem neuen Kündigungsfristengesetz, das für Arbeitgeber und Angestellte gleichermaßen gilt, kann der Arbeitgeber das Arbeitsverhältnis in der Regel mit einer Frist von vier Wochen kündigen. Diese Frist verlängert sich allerdings je nach Beschäftigungsdauer eines Arbeitnehmers. Hierbei werden jedoch nur die Beschäftigungsjahre gezählt, die ein Arbeitnehmer nach seinem 25. Lebensjahr im Betrieb abgeleistet hat. Im Höchstfall kann die Kündigungsfrist 7 Monate betragen. Eine Übersicht über die weiteren Kündigungsfristen bietet die nachfolgend abgedruckte Tabelle:

Beschäftigungsdauer	Kündigungsfrist
mindestens 2, aber weniger als 5 Jahre	1 Monat
von 5 bis weniger als 8 Jahre	2 Monate
von 8 bis weniger als 10 Jahre	3 Monate
von 10 bis weniger als 12 Jahre	4 Monate
von 12 bis weniger als 15 Jahre	5 Monate
von 15 bis weniger als 20 Jahre	6 Monate
ab 20 Jahre	7 Monate

Die Kündigung erfolgt jeweils zum Monatsende.

Grundsätzlich beginnt die Kündigungsfrist erst mit dem Zugang der Kündigung beim Arbeitnehmer.

Außerdem gilt für Arbeitnehmer in den alten Bundesländern folgende Sonderregelung: Sofern Sie am 1.9.1993 in einem Arbeitsverhältnis mit einer längeren Kündigungsfrist standen (z. B. sechs Wochen zum Quartalsende), gilt diese Frist für Ihr Arbeitsverhältnis auch weiterhin.

In Tarifverträgen können auch längere oder sogar kürzere Kündigungsfristen vorgesehen sein. Sind in dem für einen Betrieb geltenden Tarifvertrag die Kündigungsfristen gesondert geregelt, dürfen diese auch in Arbeitsverträgen mit nicht tarifgebundenen Arbeitnehmern vereinbart werden. So gelten für alle Beschäftigten eines Betriebs die gleichen Kündigungsfristen. Auch durch Betriebsvereinbarungen dürfen Kündigungsfristen geregelt werden, allerdings nur, sofern sie üblicherweise nicht durch Tarifverträge bestimmt werden oder ein Tarifvertrag den Abschluß ergänzender Betriebsvereinbarungen ausdrücklich zuläßt (§ 77 Abs. 3 BtrVG).

Bei einer monatlichen Kündigung zum Schluß eines Kalendermonats muß die Kündigung dem Arbeitnehmer spätestens am letzten Tag des vorangehenden Monats zugehen.

Besteht eine sechswöchige Kündigungsfrist zum Quartalsschluß, dann muß die Kündigung dem Arbeitnehmer mindestens am 17. (in einem Schaltjahr am 18.) Februar, 19. Mai, 19. August oder 19. November zugehen.

Bei einer wöchentlichen Kündigungsfrist ist der Tag der Kündigung nicht mitzuzählen. Die Kündigungsfrist läuft in der darauffolgenden Woche an dem Tag ab, der durch seine Benennung dem Kündigungstage entspricht. Das heißt, daß eine Kündigung, die an einem Freitag wirksam werden soll, dem Arbeitgeber ein bzw. zwei Wochen zuvor ebenfalls an dem jeweiligen Freitag ausgesprochen oder zugegangen sein muß.

Der letzte Tag der Kündigungsfrist kann auch ein Sonnabend, Sonntag oder Feiertag sein. Die Kündigungsfrist verlängert sich hierdurch nicht auf den darauffolgenden Werktag.

31.2 Die außerordentliche Kündigung

Eine außerordentliche Kündigung kann entweder fristlos oder entfristet, das heißt unter Gewährung einer abgekürzten Frist, ausgesprochen werden. Allerdings muß der Arbeitgeber deutlich machen, daß es sich hierbei um eine außerordentliche Kündigung handelt, bei der noch eine kurze Auslauffrist gewährt wird.

Für eine außerordentliche Kündigung muß stets ein wichtiger Grund vorliegen (§ 626 Abs. 1 BGB). Ein solcher ist dann gegeben, wenn dem Kündigenden unter Berücksichtigung aller Umstände des Einzelfalles und unter Abwägung der Interessen beider Vertragsparteien nicht zugemutet werden kann, das Arbeitsverhältnis bis zum Ablauf der Kündigungsfrist oder bis zu der vereinbarten Beendigung des Arbeitsverhältnisses fortzusetzen (§ 626 Abs. 1 BGB). Für die außerordentliche Kündigung sind also zwei Voraussetzungen erforderlich: Zum einen müssen Sie eine erhebliche Vertragsverletzung begangen haben, und zum anderen muß es für Ihren Arbeitgeber nach diesem Vorfall unzumutbar sein, das Arbeitsverhältnis mit Ihnen fortzusetzen.

Nach der Rechtsprechung der Arbeitsgerichte sind folgende Pflichtverletzungen des Arbeitnehmers als wichtige Gründe für eine fristlose Kündigung anerkannt:

- unentschuldigtes Fehlen;
- wiederholte Arbeitsverweigerung;
- Vortäuschen einer Krankheit;
- tätliche Auseinandersetzungen im Betrieb;
- Straftaten gegen den Arbeitgeber oder zur Schädigung des Betriebs (z. B. Beleidigung, Betrug, Diebstahl).

Der Arbeitgeber darf die außerordentliche Kündigung jedoch nur als letztes äußerstes Mittel gegen den Arbeitnehmer einsetzen. Zuvor muß er alle Mittel ausschöpfen, um das Arbeitsverhältnis aufrechtzuerhalten. Deshalb wird in der Regel zunächst eine Abmahnung des Arbeitnehmers verlangt, um diesem für den Fall des fortgesetzten vertragswidrigen Verhaltens die Möglichkeit einer außerordentlichen Kündigung vor Augen zu führen. Eine solche Abmahnung ist jedoch dann nicht erforderlich, wenn es sich um einen Verstoß des Arbeitnehmers gegen die Betriebsordnung, den Betriebsfrieden, innerhalb des persönlichen Vertrauensbereichs der Vertragspartner oder des Unternehmensbereichs handelt. Darunter sind z. B. Straftaten gegen das Eigentum, das Vermögen, die Gesundheit oder die Ehre des Arbeitgebers oder der KollegInnen sowie der Verrat von Geschäftsgeheimnissen zu verstehen.

Eine außerordentliche Kündigung muß der Arbeitgeber spätestens innerhalb von zwei Wochen nach dem Vertragsverstoß aussprechen, gerechnet ab jenem Zeitpunkt, zu dem er von dem für die Kündigung erheblichen Vorfall erfahren hat. Versäumt der Arbeitgeber diese Frist, ist die außerordentliche Kündigung nicht mehr zulässig, weil ihm nach Ablauf von zwei Wochen zugemutet werden kann, das Arbeitsverhältnis auch noch bis zum Ablauf der ordentlichen Kündigungsfrist aufrechtzuerhalten. Allerdings ist eine Fristüberschreitung dann unerläßlich, wenn die Umstände, die die außerordentliche Kündigung nach sich ziehen sollen, noch näher geklärt werden müssen. Spricht Ihnen der Chef nach einer außerordentlichen Kündigung noch eine ordentliche Kündigung aus, dann können Sie davon ausgehen, daß er auf die außerordentliche Kündigung verzichtet. Dasselbe gilt, wenn er Ihnen den

»wichtigen Grund« verziehen hat. Sollte jedoch ein neuer Grund für eine außerordentliche Kündigung vorliegen, dann darf der Arbeitgeber auch jene Gründe mit heranziehen, die zu der ersten außerordentlichen Kündigung geführt haben. Wurde Ihnen dagegen zunächst eine ordentliche Kündigung ausgesprochen, darf diese nicht in eine außerordentliche umgedeutet werden. Etwas anderes gilt nur, wenn zwischenzeitlich Gründe eingetreten sind, die eine außerordentliche Kündigung rechtfertigen.

Hat Ihr Chef eine unwirksame außerordentliche Kündigung ausgesprochen, können Sie von ihm Schadensersatz verlangen. Dieses wäre z. B. bei einer sog. »Verdachtskündigung« der Fall, die auf die bloße Vermutung einer schweren Vertragsverletzung oder Straftat hin ausgesprochen wird, ohne daß ein Beweis dafür vorliegt. Eine solche Kündigung ist im Ausnahmefall dann zulässig, wenn Tatsachen den Verdacht erhärten und aufgrund der gegebenen Umstände das gegenseitige Vertrauen der Vertragsparteien verlorengegangen ist.

Auch vor einer außerordentlichen Kündigung ist auf jeden Fall der Betriebs- bzw. Personalrat anzuhören. Wird dieses versäumt, ist die Kündigung ein für allemal nichtig.

Unter Umständen hat der Arbeitgeber auch zu prüfen, ob der Arbeitnehmer, dem er aus wichtigem Grund kündigen will, eventuell an einem anderen Arbeitsplatz im Betrieb weiterbeschäftigt werden kann. Dieses wäre z. B. denkbar, wenn ein Berufskraftfahrer seinen Führerschein wegen Trunkenheit am Steuer verloren hat. Gibt es nämlich einen geeigneten freien Arbeitsplatz, für den kein Führerschein erforderlich ist, hat der Arbeitgeber sogar die Pflicht, den Arbeitnehmer dort weiterzubeschäftigen.

Gegen eine ungerechtfertigte außerordentliche Kündigung können Sie sich – sofern auf Ihr Arbeitsverhältnis das Kündigungsschutzgesetz anwendbar ist – mit einer Kündigungsschutzklage zur Wehr setzen (vgl. Kapitel 32). Sollten Sie jedoch die dreiwöchige Klagefrist versäumen, wird von Gesetzes wegen unterstellt, daß die wichtigen Kündigungsgründe wirklich vorliegen und die Kündigung zu Recht erfolgt ist.

31.3 Die Änderungskündigung

Will ein Arbeitgeber die Arbeitsbedingungen eines Arbeitnehmers neu regeln, hat er die Möglichkeit, eine sog. Änderungskündigung auszusprechen. Dabei wird zwischen zwei verschiedenen Formen unterschieden:

- Der Arbeitgeber kündigt das Arbeitsverhältnis unbedingt und bietet dem Arbeitnehmer gleichzeitig einen Arbeitsvertrag in abgeänderter Form an.
- Der Arbeitgeber kündigt das Arbeitsverhältnis nur für den Fall, daß der Arbeitnehmer nicht in den vom Arbeitgeber abgeänderten Arbeitsvertrag einwilligt.

In der Regel ist eine Änderungskündigung mit einer Verschlechterung der Arbeitsbedingungen für den Arbeitnehmer verbunden (z. B. schlechtere Arbeitszeiten, weniger Lohn bzw. Gehalt, Versetzung). Nicht selten wählen Arbeitgeber diesen Weg, um einen unliebsamen Arbeitnehmer auf diese Weise aus dem Betrieb zu ekeln.

Nehmen Sie das Änderungsangebot des Arbeitgebers an, bleibt Ihr Arbeitsverhältnis unter den neuen Bedingungen fortbestehen.

Sofern Sie das Angebot Ihres Arbeitgebers als unakzeptabel ablehnen, wird die Kündigung wirksam. Sie können die Kündigung dann im Klageweg anfechten. Hier besteht allerdings ein gewisses Prozeßrisiko für Sie. Sollte die Kündigung nämlich sozial gerechtfertigt sein, verlieren Sie den Prozeß und sind gleichzeitig Ihren Arbeitsplatz los. Aus diesem Grund sollten Sie besser folgenden Weg wählen:

Nehmen Sie das Angebot des Arbeitgebers lediglich unter dem Vorbehalt an, daß die Änderung sozial gerechtfertigt ist. Sollte sich vor Gericht herausstellen, daß dies der Fall ist, haben Sie zwar den Prozeß, nicht aber den Arbeitsplatz verloren. Gewinnen Sie dagegen den Prozeß, ist die Änderungskündigung unwirksam, und Ihr altes Arbeitsverhältnis bleibt unverändert fortbestehen.

32. Was kann ich gegen
die Kündigung unternehmen?

Zunächst sollten Sie prüfen, ob der Arbeitgeber bei der Kündigung alle Fristen und Formalien eingehalten hat (vgl. Kapitel 31). Wichtig sind vor allem der rechtzeitige Zugang der Kündigung sowie die vorherige Anhörung des Betriebs- bzw. Personalrats. Wenn Sie im öffentlichen Dienst beschäftigt sind, sollten Sie sich darüber informieren, ob in Ihrem Bundesland für eine Kündigung nicht sogar die Zustimmung des Personalrats eingeholt werden muß.

Sollten Sie während Ihrer Schwangerschaft oder Ihres Erziehungsurlaubs eine Kündigung erhalten, wäre diese nur zulässig, sofern das Gewerbeaufsichtsamt zugestimmt hat.

Bei schwerbehinderten ArbeitnehmerInnen ist eine Kündigung nur mit Zustimmung der Hauptfürsorgestelle zulässig.

Nach Erhalt einer Kündigung sollten Sie sich zunächst an Ihren Betriebs- bzw. Personalrat wenden. Dort erfahren Sie auch etwas über die Kündigungsgründe und die sog. Sozialauswahl. Sofern Sie Ihre Kündigung für sozial ungerechtfertigt halten, können Sie dann beim Betriebs- bzw. Personalrat Einspruch einlegen. Wenn der Betriebs- bzw. Personalrat Ihre Auffassung teilt, wird er in der Regel versuchen, eine Einigung zwischen Ihnen und dem Arbeitgeber herbeizuführen.

Natürlich können Sie auch selbst gegen die Kündigung Widerspruch einlegen und Ihrem Arbeitgeber – am besten schriftlich – Ihre Einschätzung des Sachverhalts und der Rechtslage darlegen, um seine Entscheidung gegebenenfalls rückgängig zu machen. Von dieser Möglichkeit sollten Sie vor allem Gebrauch machen, wenn Sie in einer Firma arbeiten, in der es keinen Betriebs- bzw.

Personalrat gibt. Lassen Sie sich aber keinesfalls zu lange von Ihrem Arbeitgeber bis zu einer endgültigen Entscheidung hinhalten, weil Ihnen sonst möglicherweise die Frist für eine Kündigungsschutzklage verlorengeht. Aus diesem Grund empfiehlt es sich auch, sich unmittelbar nach der Kündigung kompetent juristisch beraten zu lassen. Wenn Sie Mitglied einer Gewerkschaft sind, erhalten Sie dort fachkundige Rechtsberatung. Anderenfalls sollten Sie sich durch eine/n RechtsanwältIn eingehend beraten lassen. Es gibt übrigens besondere FachanwältInnen für Arbeitsrecht. Während die Rechtsberatung bei der Gewerkschaft kostenlos ist, müssen Sie die anwaltliche Beratung in der Regel selbst bezahlen, sofern Sie nicht rechtsschutzversichert sind.

Sollten alle außergerichtlichen Bestrebungen, die Zurücknahme der Kündigung zu erreichen, fehlgeschlagen sein, müssen Sie sich entscheiden, ob Sie Kündigungsschutzklage erheben wollen. Voraussetzung hierfür ist, daß in dem Betrieb, in dem Sie arbeiten, regelmäßig mehr als 5 ArbeitnehmerInnen beschäftigt werden. Auszubildende und Teilzeitbeschäftigte mit weniger als 10 Stunden pro Woche bzw. 45 Stunden pro Monat werden hierbei nicht berücksichtigt. Außerdem gilt das Kündigungsschutzgesetz erst, wenn Sie mindestens 6 Monate vor Zugang der Kündigung ohne Unterbrechung in dem Betrieb beschäftigt waren.

Sofern das Kündigungsschutzgesetz auf Ihr Arbeitsverhältnis Anwendung findet, ist eine Kündigung nur dann zulässig, wenn Ihr Arbeitgeber Gründe vorträgt, die die Kündigung sozial rechtfertigen (§ 1 Abs. 1 KSchG). Das wäre der Fall, wenn betriebsbedingte, verhaltensbedingte oder personenbedingte Gründe für eine Kündigung vorliegen.

Unter *personenbedingten* Kündigungsgründen sind solche zu verstehen, die in der Person, den persönlichen Verhältnissen oder Eigenschaften des Arbeitnehmers liegen. Dies wäre z. B. im Falle einer Erkrankung anzunehmen. Allerdings darf nach der Rechtsprechung des Bundesarbeitsgerichts ein Arbeitsverhältnis nur dann aus Anlaß einer Krankheit gekündigt werden,

- wenn zum Kündigungszeitpunkt feststeht, daß es sich um eine Dauererkrankung handelt, oder
- wenn eine Erkrankung vorliegt, bei der die Gefahr häufiger weiterer Schübe besteht und somit wie in der Vergangenheit auch in der Zukunft mit zahlreichen krankheitsbedingten Fehlzeiten des Arbeitnehmers zu rechnen ist.

Außerdem muß es durch die Erkrankung zu betrieblichen Störungen kommen und eine Umsetzung auf einen anderen Arbeitsplatz unmöglich sein.

Eine Kündigung wegen krankheitsbedingter Abnahme der Leistungsfähigkeit ist nur dann zulässig, wenn ein Arbeitnehmer nicht mehr in der Lage ist, die vertraglich vereinbarte Arbeitsleistung zu erbringen. Auch hier ist Voraussetzung, daß eine Umsetzung auf einen anderen Arbeitsplatz im Betrieb nicht möglich ist. Darüber hinaus gelten unter anderem als personenbedingte Kündigungsgründe: Alkoholsucht, Alter, fehlende Arbeits- oder Berufsausübungserlaubnis, Gefahr der Weitergabe von Betriebsgeheimnissen, zahlreiche Ehrenämter, fehlende Eignung oder ungenügende Kenntnisse, Konzentrationsschwäche, mangelnde Leistungsfähigkeit oder allzu umfangreiche familiäre Verpflichtungen. Eine Alkoholsucht ist dabei als Erkrankung zu bewerten und eine Kündigung deshalb erst dann gerechtfertigt, wenn eine Entziehungskur entweder erfolglos war oder vom Arbeitnehmer abgelehnt wurde.

Auf jeden Fall ist eine Kündigung aus personenbedingten Gründen nur dann zulässig, wenn unter Abwägung der Interessen des Arbeitnehmers sowie des Arbeitgebers die Beendigung des Arbeitsverhältnisses als sozial angemessenes und zutreffendes Mittel anzusehen ist.

Eine *verhaltensbedingte* Kündigung beruht auf Gründen, die sich aus dem Verhalten des Arbeitnehmers gegenüber dem Arbeitgeber, seinen ArbeitskollegInnen oder Dritten, wie z. B. Geschäftspartnern, ergeben und die das Arbeitsverhältnis unmittelbar beeinflussen. Meist handelt es sich dabei um Vertragsverletzungen gegenüber dem Arbeitgeber (wie z. B. wiederholtes Zuspätkommen, Arbeitsverweigerung), manchmal aber auch um Tätlichkeiten gegen oder Beleidigung von KollegInnen. Allerdings kann nur so ein Verhalten zur Kündigung führen, durch das Ihr Arbeitsverhältnis unmittelbar berührt ist. Verfehlungen im außerdienstlichen Bereich spielen nur in Ausnahmefällen eine Rolle. Auch vor einer verhaltensbedingten Kündigung hat der Arbeitgeber stets die Interessen gegeneinander abzuwägen. Außerdem muß er in der Regel das Fehlverhalten des Arbeitnehmers zunächst einmal abmahnen und für den Wiederholungsfall die Kündigung in Aussicht stellen. Nur bei ganz schwerwiegenden Verfehlungen eines Arbeitnehmers (z. B. strafbare Handlungen gegen den Arbeitgeber) kann eine Abmahnung unterbleiben.

Schließlich kann eine Kündigung auch aus *dringenden betrieblichen Gründen* gerechtfertigt sein. Hierunter sind sämtliche internen oder auch außerbetrieblichen Ursachen zu verstehen, die die Arbeitsleistung eines Arbeitnehmers überflüssig machen, also z. B. Auftrags- bzw. Absatzmangel, eine Einschränkung der Produktion oder die Stillegung des Betriebs oder einzelner Abteilungen.

Die Gründe für eine betriebsbedingte Kündigung müssen dringend und für den Arbeitgeber der letzte Ausweg sein, um den betrieblichen Erfordernissen gerecht zu werden. Bevor eine betriebsbedingte Kündigung ausgesprochen wird, muß der Arbeitgeber prüfen, ob nicht eine Umsetzung, Fortbildung, Umschulung oder möglicherweise auch eine Beschäftigung unter geänderten Bedingungen (Änderungskündigung, vgl. Kapitel 31.3) in Frage kommt. Außerdem hat der Arbeitgeber nach sozialen Gesichtspunkten darüber zu entscheiden, welchen der betroffenen ArbeitnehmerInnen zu kündigen ist. Hierbei sind u. a. folgende Punkte zu berücksichtigen:

- das Lebensalter des/der ArbeitnehmerIn;
- die familiären Verhältnisse (z. B. unterhaltsberechtigte Personen);
- die Dauer der Betriebszugehörigkeit;

- eventuelles Vermögen oder Schulden des/der ArbeitnehmerIn (ggf. auch Einkünfte von Familienmitgliedern);
- die Aussichten des/der ArbeitnehmerIn auf einen neuen Arbeitsplatz.

Die soziale Auswahl betrifft sämtliche ArbeitnehmerInnen eines Betriebs, die nach ihrer Tätigkeit und Ausbildung miteinander vergleichbar sind. Dies gilt auch im Falle einer betriebsbedingten Änderungskündigung. Dabei sollten die ArbeitnehmerInnen, denen eine andere Tätigkeit im Betrieb angeboten wird, zumindest annähernd gleich dafür geeignet sein. Weiter muß der Arbeitgeber bei seiner Entscheidung berücksichtigen, welche/r ArbeitnehmerIn durch die veränderten Arbeitsbedingungen schwerer bzw. weniger schwer belastet wird.

Eine Auswahl zugunsten des sozial Schwächeren darf allerdings nach der Rechtsprechung des Bundesarbeitsgerichts dann außer acht gelassen werden, wenn dringende betriebliche Interessen überwiegen. Dieses kann z. B. bei einer Betriebseinschränkung, einem Konkurs- und Vergleichsverfahren, bei Rationalisierungs- oder Sparmaßnahmen der Fall sein.

Kommt es zu einem Prozeß, muß der Arbeitgeber die dringenden betrieblichen Gründe für die Kündigung darlegen und die Kriterien der Sozialauswahl erläutern. Der Arbeitnehmer muß seinerseits beweisen, welchen anderen KollegInnen an seiner Stelle hätte gekündigt werden können.

Widerspricht der Betriebs- bzw. Personalrat der Kündigung wegen fehlerhafter Sozialauswahl, dann ist die Kündigung sozial ungerechtfertigt. Sollte der Arbeitgeber trotz des Widerspruchs des Betriebs- bzw. Personalrats kündigen, muß er der Kündigung die Stellungnahme des Betriebs- bzw. Personalrats hinzufügen. Bei einem Widerspruch des Betriebsrats wegen fehlerhafter Sozialauswahl hätten Sie im Falle einer Kündigungsschutzklage in der Regel gute Chancen. Schließlich ist der Betriebsrat über die sozialen Verhältnisse der MitarbeiterInnen bestens informiert. Dies wird das Gericht bei seiner Entscheidung berücksichtigen.

Selbst wenn der Betriebs- bzw. Personalrat der Kündigung nicht widerspricht, kann eine Kündigungsschutzklage für Sie vorteilhaft sein. In der Regel besteht dadurch für Sie auf jeden Fall die Möglichkeit, eine angemessene Abfindung zu erstreiten. Mehr darüber sowie über die Voraussetzungen und Fristen für eine Kündigungsschutzklage erfahren Sie in Kapitel 33.

Solange nicht eindeutig geklärt ist, ob Ihr Arbeitsverhältnis fortbestehen wird, sollten Sie außerdem baldmöglichst das Arbeitsamt aufsuchen und sich über Ihre Ansprüche informieren. Beachten Sie, daß Arbeitslosengeld erst ab dem Tag gezahlt wird, an dem Sie sich arbeitslos melden. Dann haben Sie auch einen Kranken- und Rentenversicherungsschutz.

33. Die Kündigungsschutzklage

Die Kündigungsschutzklage müssen Sie grundsätzlich innerhalb von drei Wochen nach Zugang der Kündigung bei Ihrem zuständigen Arbeitsgericht erheben und dabei die Feststellung beantragen, daß das Arbeitsverhältnis durch die Kündigung nicht aufgelöst worden ist und weiter fortbesteht. Eine Kündigungsschutzklage können Sie durch eine/n RechtssekretärIn oder Ihre/n AnwältIn einreichen lassen oder aber selbst bei der Rechtsantragsstelle des Arbeitsgerichts zu Protokoll geben. Nachfolgend ist das Muster einer einfachen Kündigungsschutzklage abgedruckt. Beachten Sie jedoch, daß jeder Rechtsfall unterschiedlich gelagert ist, so daß diesseits natürlich keinerlei Haftung übernommen werden kann. Es wird daher vor Einreichung einer Kündigungsschutzklage auf jeden Fall empfohlen, sich kompetent juristisch beraten zu lassen.

Muster einer Kündigungsschutzklage

An das
Arbeitsgericht
Adresse   Ort, Datum

Klage

der Arbeiterin/Angestellten (Name, Adresse)   – Klägerin –

gegen

die Firma (Name, Adresse)   – Beklagte –

wegen: Kündigungsschutz

Hierdurch erhebe ich Klage mit folgenden Anträgen:

1. Es wird festgestellt, daß das Arbeitsverhältnis durch die Kündigung der Beklagten vom (Datum), zugegangen am (Datum), nicht aufgelöst worden ist.

2. Die Beklagte wird verurteilt, die Klägerin über den Ablauf der Kündigungsfrist hinaus zu den bisherigen Arbeitsbedingungen weiterzubeschäftigen.

3. Die Beklagte wird weiter verurteilt, . . . DM nebst 4 Prozent Zinsen seit Klagezustellung an die Klägerin zu zahlen.

Begründung:

Die am (Datum) geborene, ledige/verheiratete Klägerin, die … Kinder im Alter von . . . bis . . . hat, wurde am (Datum) von der Beklagten als . . . eingestellt. Insgesamt beschäftigt die Beklagte . . . Arbeitnehmer.

Mit Schreiben vom (Datum), der Klägerin zugegangen am (Datum), hat die Beklagte das Arbeitsverhältnis mit der Klägerin zum (Datum) gekündigt. Ein Grund für diese Kündigung besteht nicht.

Der Betriebsrat wurde zu der Kündigung gehört/nicht gehört und hat der Kündigung widersprochen.

Die Klägerin bietet der Beklagten ihre Arbeitskraft an.

Aufgrund der allgemeinen Beschäftigungspflicht ist die Beklagte verpflichtet, die Klägerin über den Ablauf der Kündigungsfrist hinaus mindestens bis zur rechtskräftigen Entscheidung über die hier vorliegende Kündigungsschutzklage weiterzubeschäftigen.

Außerdem ist die Beklagte verpflichtet, der Klägerin während des Annahmeverzuges den Lohn/das Gehalt weiter fortzuzahlen. Die Klägerin hat der Beklagten am (Datum) tatsächlich und am (Datum) wörtlich ihre Arbeitsleistung angeboten. Da die Beklagte die Arbeitsleistung der Klägerin jedoch abgelehnt hat, befindet sie sich in Verzug. Der monatliche Verdienst der Klägerin beträgt . . . DM.

Unterschrift

Sollten Sie die dreiwöchige Klagefrist nach Zugang der Kündigung versäumt haben, können Sie die nachträgliche Zulassung der Klage ausnahmsweise dann beantragen, wenn Sie auch bei größter Sorgfalt die Klagefrist unverschuldet nicht einhalten konnten. Sind die Umstände, die Sie an der fristgemäßen Klageerhebung gehindert haben, entfallen, müssen Sie innerhalb von zwei Wochen beim Arbeitsgericht einen Antrag auf nachträgliche Zulassung der Klage stellen. Allerdings dürfen insgesamt nicht mehr als sechs Monate seit der Kündigung vergangen sein. In diesem Antrag ist der Hinderungsgrund durch entsprechende Belege (z. B. ärztliches Attest über eine schwerwiegende Erkrankung) glaubhaft zu machen. Gleichzeitig muß mit dem Antrag auf Zulassung die eigentliche Klageerhebung verbunden werden.

Unkenntnis über die rechtlichen Voraussetzungen einer Kündigungsschutzklage kann die Fristversäumnis übrigens nicht entschuldigen. Etwas anderes gilt jedoch, wenn Sie z. B. von Ihrem Betriebsratsvorsitzenden über den Kündigungsschutz bzw. die Klagefrist falsch informiert wurden.

Eine außerordentliche Kündigung aus wichtigem Grund kann ebenfalls im Wege der Kündigungsschutzklage angefochten werden. Auch hier gilt die dreiwöchige Klagefrist ab Zugang der Kündigung.

Haben Sie sich entschlossen, eine Kündigungsschutzklage einzureichen, sind aber nicht mehr in Ihrem Betrieb tätig, sollten Sie Ihrem Arbeitgeber entweder mündlich (auf jeden Fall mit Zeugen) oder aber schriftlich Ihre Arbeitskraft »anbieten«. Auf diese Weise setzen Sie den Arbeitgeber in »Verzug« und können den Ihnen aufgrund der Kündigung entgangenen Verdienst nachfordern. Wenn Ihnen während eines Kündigungsschutzrechtsstreits die Fortsetzung Ihres Arbeitsverhältnisses nicht mehr zumutbar erscheint, können Sie die Auflösung des Arbeitsverhältnisses beantragen. Ergeht ein entsprechendes Urteil, wird der Arbeitgeber gleichzeitig zur Zahlung einer angemessenen Abfindung verurteilt. Voraussetzung ist jedoch, daß die Kündigung ungerechtfertigt war. Den Auflösungsantrag nach einer ordentlichen oder außerordentlichen Kündigung können Sie übrigens bis zum Schluß der letzten mündlichen Verhandlung – sogar noch in der Berufungsinstanz – stellen.

Auch der Arbeitgeber darf seinerseits die Auflösung des Arbeitsverhältnisses beantragen, wenn er darlegen kann, daß eine weitere, den Betriebszwecken dienliche Zusammenarbeit mit dem Arbeitnehmer nicht mehr möglich ist. Allerdings ist er nicht dazu berechtigt, wenn er das Arbeitsverhältnis außerordentlich gekündigt hat und diese Kündigung unwirksam war.

Stellen beide Parteien einen Auflösungsantrag, prüft das Gericht, ob die Kündigung des Arbeitgebers gerechtfertigt war. Ist dieses der Fall, dann wird die Klage des Arbeitnehmers abgewiesen. Bei einer nicht gerechtfertigten Kündigung löst das Gericht das Arbeitsverhältnis auf und entscheidet über die Höhe der Abfindung.

Die Abfindung beträgt dann in der Regel einen halben Monatsverdienst pro Beschäftigungsjahr, höchstens jedoch bis zu zwölf Monatsverdiensten (§ 10 Abs. 1 KSchG). Wenn ein/e ArbeitnehmerIn das 55. Lebensjahr vollendet hat und mindestens 20 Jahre beschäftigt war, kann die Abfindung sogar bis auf 18 Monatsverdienste festgesetzt werden. Das Gericht bemißt die Höhe der Abfindung in der Regel nach den Umständen des Einzelfalles. Berücksichtigt werden hierbei vor allem das Lebensalter, die Dauer des Arbeitsverhältnisses, die Zahl der unterhaltsberechtigten Kinder, der Gesundheitszustand, die Art des Berufes, die Gründe für die Auflösung des Arbeitsverhältnisses und die Chancen, einen neuen Arbeitsplatz zu finden.

Abfindungen sind im Rahmen ihrer Höchstbeiträge (derzeit 24 000 DM) einkommensteuerfrei. Allerdings bleibt nach der Rechtsprechung des Bundessozialgerichts lediglich ein bestimmter Anteil sozialversicherungsfrei (§ 117 AFG). Eventuell erfolgt auch eine Anrechnung auf das Arbeitslosengeld. Hier wird in der Praxis unterschiedlich verfahren.

Von der Auflösung des Arbeitsvertrages gegen Leistung einer Abfindung durch ein gerichtliches Urteil ist der sog. Abfindungsvergleich zu unterscheiden, der häufig von den Arbeitsgerichten während des Prozesses vorgeschlagen wird. In diesem Fall versuchen die Richter oft, Prozesse möglichst frühzeitig und ohne eine aufwendige Urteilsbegründung zum Abschluß zu bringen. Der Vergleich wird nämlich lediglich zu Protokoll gegeben und hat dann die gleiche Wirkung wie ein Urteil. Die Rechtmäßigkeit der Kündigung bleibt in diesen Fällen meist ungeklärt.

Bevor Sie sich auf einen solchen Abfindungsvergleich einlassen, sollten Sie sich zunächst über Ihre Chancen im Prozeß aufklären lassen. Hierfür wäre es natürlich hilfreich, wenn Sie entweder durch eine/n RechtssekretärIn oder eine/n AnwältIn vor Gericht vertreten sind. Der Richter wird sich nämlich diesbezüglich eher bedeckt halten und Ihnen den Vergleich nahelegen. Erst wenn Sie alle Vor- und Nachteile eines Abfindungsvergleichs gegeneinander abgewogen haben, sollten Sie eine Entscheidung treffen. Hierbei ist auch zu bedenken, daß Sie aufgrund eines Vergleichs beim Arbeitsamt mit einer Sperrfrist für das Arbeitslosengeld belegt werden können.

Daher kommt es bei der Formulierung des Vergleichs u. a. auch darauf an, auf die Vereinbarung der Kündigungsfristen zu achten. Außerdem stehen Ihre Chancen, einen neuen Arbeitsplatz zu finden, besser, wenn der Arbeitgeber betriebsbedingte Gründe für die Kündigung anführt. Eine kompetente rechtliche Vertretung ist in einem solchen Fall unerläßlich.

Kommt es nicht zu einer Beendigung des Prozesses durch ein Auflösungsurteil oder einen Abfindungsvergleich und stellt das Gericht fest, daß die Kündigung sozial ungerechtfertigt ist, daß kein wichtiger Grund vorliegt oder daß sie aus anderen Gründen unwirksam ist, besteht Ihr Arbeitsverhältnis fort. Dieses hat zur Folge, daß Sie weiter arbeiten können und Ihr Arbeitgeber weiter den Lohn bzw. das Gehalt an Sie zahlen muß. Haben Sie bereits vor oder im Laufe des Prozesses dem Arbeitgeber Ihre Arbeitskraft erneut angeboten und ihn damit in Annahmeverzug gesetzt, brauchen Sie dies nach dem Urteil nicht mehr von sich aus zu tun. Umgekehrt muß Sie nun der Arbeitgeber auffordern, die Arbeit wiederaufzunehmen.

Wenn sich der Arbeitgeber während des Prozesses in Annahmeverzug befand, muß er Ihnen außerdem für die Zeit zwischen Kündigung und Urteil das Gehalt bzw. den Lohn nachzahlen. Hierzu gehören unter Umständen auch Weihnachtsgratifikation, Provisionen usw.

Sollten Sie inzwischen eine andere Arbeitsstelle gefunden haben und gar nicht mehr an Ihren alten Arbeitsplatz zurückkehren wollen, können Sie jetzt von sich aus das Arbeitsverhältnis beenden. Dazu erklären Sie innerhalb einer Woche nach Rechtskraft des Urteils gegenüber Ihrem alten Arbeitgeber, daß Sie die Fortsetzung des Arbeitsverhältnisses bei ihm verweigern (§ 12 Satz 1 KSchG). Sobald dem Arbeitgeber diese Erklärung zugeht, endet das Arbeitsverhältnis. Wenn sich der alte Arbeitgeber in Annahmeverzug befindet, ist er allerdings aufgrund Ihrer Nichtfortsetzungserklärung lediglich verpflichtet, Ihnen den entgangenen Verdienst nur für die Zeit bis zu dem Eintritt in das neue Arbeitsverhältnis zu zahlen (§ 12 Satz 4 KSchG). Um zu klären, welche Vorgehensweise für Sie am günstigsten ist, sollten Sie sich auch diesbezüglich möglichst schon vor oder spätestens während des Prozesses juristisch beraten lassen.

Grundsätzlich muß in Prozessen erster Instanz vor den Arbeitsgerichten jede Partei die Kosten ihres/ihrer ProzeßvertreterIn selbst zahlen. Näheres hierzu lesen Sie in Kapitel 34.

34. Rechtsberatung, Kosten und Prozeßkostenhilfe

Bei Problemen mit Ihrem Arbeitgeber oder wenn dieser Ihnen sogar gekündigt hat, sollten Sie sich zunächst an Ihren Betriebs- bzw. Personalrat wenden. Dieser darf allerdings keine Rechtsberatung erteilen. Sind Sie Mitglied einer Gewerkschaft, können Sie sich dort kostenlos juristisch beraten lassen. Die RechtssekretärInnen der Gewerkschaften sind im Bereich des Arbeits- und Sozialrechts in der Regel kompetente AnsprechpartnerInnen und können Sie auch vor dem Arbeitsgericht vertreten. Die Gerichtskosten werden dann grundsätzlich ebenfalls von der Gewerkschaft bezahlt. Voraussetzung für die Erteilung gewerkschaftlichen Rechtsschutzes ist, daß Sie mindestens drei Monate Mitglied in der Gewerkschaft sind.

Lassen Sie sich anwaltlich beraten oder vor dem Arbeitsgericht vertreten, müssen Sie – sofern Sie keine Rechtsschutzversicherung haben – die Anwaltsgebühren (zumindest in erster Instanz) aus eigener Tasche zahlen. Im Bereich des Arbeitsrechts gibt es sogar FachanwältInnen, die sich auf diesem Gebiet spezialisiert haben. Adressen solcher FachanwältInnen erhalten Sie über die Anwaltskammer, die örtlichen Anwaltvereine oder den bundesweiten Anwaltsuchservice, den Sie unter der Tel.-Nr. 0130/5500 (zum Ortstarif) erreichen.

Außerdem erteilen rechtlichen Rat in Angelegenheiten des Arbeits- und Sozialrechts in Hamburg die öffentlichen Rechtsauskunfts- und Vergleichsstellen, in Bremen die Angestellten- und Arbeiterkammern sowie in Berlin die Sozialämter der Wohnbezirke (sofern Sie nur über ein sehr niedriges Einkommen verfügen).

Ohne juristischen Beistand können Sie auch bei der Rechtsantragsstelle Ihres zuständigen Arbeitsgerichts Klagen und andere Anträge zu Protokoll geben. Allerdings erhalten Sie dort keine rechtliche Beratung.

Das Kostenrisiko, das Sie bei einem Prozeß trifft, hängt in der Regel von dem sog. Streitwert ab. Hierunter ist der wirtschaftliche Wert des Streitgegenstandes zu verstehen. Bei einer Kündigungsschutzklage beträgt der Streitwert in der Regel das dreifache Brutto-Monatsgehalt. Die Praxis der Gerichte ist bei der Streitwertfestsetzung jedoch unterschiedlich. So bemißt z. B. das Landesarbeitsgericht Düsseldorf den Streitwert des Beschäftigungsanspruchs mit lediglich zwei Monatsverdiensten. Kommt zu dem Kündigungsschutz- gleichzeitig noch ein Lohnanspruch hinzu, kann der Streitwert durchaus höher als drei Monatsgehälter sein.

Nach dem jeweiligen Streitwert werden sowohl die Gerichtskosten als auch die Anwaltsgebühren berechnet. Die Gerichtskosten sind im Arbeitsgerichtsverfahren niedriger als in zivilrechtlichen Angelegenheiten. Dagegen sind die Anwaltsgebühren genauso hoch wie bei anderen Prozessen. Außerdem gilt für die Kostentragung folgende Abweichung: In der ersten Instanz vor dem Arbeitsgericht muß jede Partei ihre Anwaltsgebühren selbst tragen, unabhängig davon, wer den Prozeß gewinnt oder verliert.

Bei einem sehr niedrigen Einkommen können Sie auch beim Arbeitsgericht Prozeßkostenhilfe beantragen (§ 11a ArbGG). Einen Anspruch auf Prozeßkostenhilfe haben Sie dann, wenn Sie aufgrund Ihrer persönlichen und wirtschaftlichen Verhältnisse entweder ganz oder teilweise außerstande sind, die Kosten Ihres Prozesses zu tragen. Außerdem muß die beabsichtigte Rechtsverfolgung eine hinreichende Erfolgsaussicht bieten und darf auch nicht mutwillig sein. Im Arbeitsrecht gilt dabei folgende Besonderheit: Wenn Sie klagen und der verklagte Arbeitgeber anwaltlich vertreten ist, kommt es für die Gewährung der Prozeßkostenhilfe nicht mehr auf Ihre Erfolgsaussichten im Prozeß an, sondern nur noch auf Ihre finanzielle Situation.

Je nach Ihren finanziellen Verhältnissen wird Ihnen die Prozeßkostenhilfe entweder mit oder ohne Ratenzahlung gewährt. Die obere Einkommensgrenze für die Prozeßkostenhilfe liegt für Alleinstehende bei monatlich 2400 DM netto und für eine vierköpfige Familie bei 3400 DM.

Verdienen Sie als Alleinstehende monatlich bis zu 850 DM netto, werden Sie von den Gerichtskosten sowie den Gebühren Ihres/Ihrer AnwältIn völlig befreit. Für Familien liegt die Einkommensgrenze entsprechend höher, wie Sie aus der im Anhang abgedruckten Tabelle entnehmen können.

Sobald Sie diese Einkommensgrenze überschreiten, müssen Sie die Ihnen gewährte Prozeßkostenhilfe in Raten zurückzahlen. Deren Höhe bemißt sich nach Ihrem Netto-Einkommen. Außerdem brauchen Sie höchstens für 48 Monatsraten aufzukommen. Fallen die entstandenen Gerichts- und Anwaltskosten höher aus, werden Ihnen diese erlassen. Das Gericht ist nicht verpflichtet, sich starr an diese Tabellenwerte zu halten. So können in Härtefällen z. B. niedrigere Raten angesetzt werden.

Unter Umständen können auch Besserverdienende Prozeßkostenhilfe erhalten, sofern aufgrund der Verfahrensgebühren ihr angemessener Lebensunterhalt erheblich beeinträchtigt würde. Allerdings sind Sie grundsätzlich verpflichtet, ein eventuell vorhandenes Vermögen – soweit es Ihnen zumutbar ist – für die Prozeßkosten einzusetzen.

Den Antrag auf Prozeßkostenhilfe müssen Sie bei dem Gericht einreichen, bei dem Ihre Klage anhängig ist. Erstreckt sich Ihr Rechtsstreit über mehrere Instanzen, ist für jede Instanz gesondert Prozeßkostenhilfe zu beantragen.

Ihrem Antrag auf Prozeßkostenhilfe müssen Sie eine Erklärung über Ihre persönlichen und wirtschaftlichen Verhältnisse mit den entsprechenden Belegen beifügen. Hierfür gibt es einen besonderen Vordruck, den Sie vollständig ausfüllen müssen. Dieses Formular können Sie entweder beim Gericht oder bei Ihrem/Ihrer RechtsanwältIn erhalten.

Im Rahmen des Prozeßkostenhilfeverfahrens wird Ihnen in der

Regel der/die RechtsanwältIn beigeordnet, den/die Sie sich zuvor selbst ausgewählt haben.

Weitere Auskünfte über Ihren Anspruch auf Prozeßkostenhilfe erhalten Sie bei der Rechtsantragsstelle Ihres zuständigen Arbeitsgerichts.

35. Achtung: Fristen!

Ansprüche gegen Ihren Arbeitgeber, z. B. auf Urlaub oder auf die Zahlung von restlichem Lohn bzw. Gehalt, können Sie nach der Beendigung des Arbeitsverhältnisses nur innerhalb bestimmter Fristen geltend machen. Werden diese Fristen nicht eingehalten, können Ihre Ansprüche verfallen bzw. verjähren.

Die meisten Tarifverträge beinhalten sogar spezielle Ausschluß- oder Verfallfristen für fast alle wichtigen Ansprüche. Diese Ausschluß- oder Verfallfristen können für Sie nicht nur gelten, wenn Sie als Gewerkschaftsmitglied dem Tarifvertrag unterliegen, sondern auch, wenn in Ihrem Arbeitsvertrag die Anwendung eines Tarifvertrages vereinbart wurde oder ein Tarifvertrag allgemeinverbindlich ist.

Die Ausschluß- bzw. Verfallfristen können unterschiedlich lang sein, von sechs Wochen bis zu sechs Monaten. Sie gelten nicht nur für ArbeitnehmerInnen, sondern ebenso für die Arbeitgeber.

Machen Sie einen Anspruch nicht innerhalb der für Sie geltenden Ausschluß- oder Verfallfrist schriftlich gegenüber dem Arbeitgeber oder auch im Wege einer Klage vor dem Arbeitsgericht geltend, geht er Ihnen unwiederbringlich verloren. Das ist sogar dann der Fall, wenn Sie erst nach Ablauf der Frist von Ihrem Anspruch erfahren.

Haben Sie eine Kündigungsschutzklage gegen die Kündigung Ihres Arbeitgebers beim Arbeitsgericht erhoben, müssen Sie für etwaige Lohn- oder Urlaubsansprüche ebenfalls die tarifvertraglichen Ausschluß- bzw. Verfallfristen beachten, sonst erlöschen Ihre Ansprüche auch in diesem Fall. Umgekehrt kann Ihr Arbeitgeber von Ihnen zu viel gezahlten Lohn gleichfalls nur innerhalb dieser Fristen zurückfordern.

Sind Sie mit Ihrem Zeugnis nicht zufrieden und wollen Sie, daß Ihr Arbeitgeber Ihnen ein neues, Ihren tatsächlichen Leistungen entsprechendes Zeugnis ausstellt, müssen Sie eine eventuelle Berichtigungsklage innerhalb von sechs Wochen vor dem Arbeitsgericht erheben. Anderenfalls gilt Ihr Zeugnis als von Ihnen akzeptiert.

Von den tarifvertraglichen Ausschluß- und Verfallfristen sind die gesetzlichen Verjährungsfristen zu unterscheiden. Danach verjähren Ansprüche aus einem Arbeitsvertrag grundsätzlich nach zwei Jahren. Innerhalb dieser Frist müssen Sie zur Vermeidung der Verjährung Ihrer Ansprüche Ihren Arbeitgeber notfalls auch vor dem Arbeitsgericht verklagen, wenn er Ihrer Forderung nicht freiwillig nachkommt.

36. Wann lohnt sich
ein Aufhebungsvertrag?

Ein Aufhebungsvertrag ist in etwa vergleichbar mit einer einverständlichen Scheidung. Arbeitgeber und ArbeitnehmerIn lösen das Arbeitsverhältnis in gegenseitigem Einvernehmen auf. In der Regel geschieht dies im Wege eines schriftlichen Aufhebungsvertrages. Die Vereinbarung kann allerdings auch mündlich zwischen Arbeitgeber und ArbeitnehmerIn getroffen werden. Sofern Sie sich überhaupt auf einen solchen Aufhebungsvertrag einlassen, sollten Sie allerdings aus den nachfolgenden Gründen (besonders zur Vorlage beim Arbeitsamt) auf einer schriftlichen Ausfertigung bestehen.

Wenn Ihnen Ihr Arbeitgeber die Beendigung Ihres Arbeitsverhältnisses durch einen solchen Vertrag vorschlägt, sollten Sie sich zunächst Bedenkzeit erbitten und folgende Nachteile bedenken:

Schließen Sie den Aufhebungsvertrag ab, haben Sie keinen Kündigungsschutz. Auch der Betriebsrat hat kein Mitspracherecht über die Beendigung Ihres Arbeitsverhältnisses. Selbst wenn Sie schwerbehindert oder schwanger sind, hätten Sie keinerlei Schutzrechte mehr. Es ist daher sicherlich kein Zufall, daß Arbeitgeber Aufhebungsverträge besonders gern schwangeren Arbeitnehmerinnen anbieten. Diese genießen nach dem Mutterschutzgesetz sowie nach dem Bundeserziehungsgeldgesetz besondere Rechte und erhebliche finanzielle Vorteile. Auf diese würden Sie durch den Abschluß eines Aufhebungsvertrages unwiderruflich verzichten.

Ein Aufhebungsvertrag ist für den Arbeitgeber natürlich auch eine elegante Lösung, engagierte BetriebsrätInnen oder auch ältere

ArbeitnehmerInnen abzuschieben. Dabei wird den Arbeitnehmer-Innen oftmals angedroht, daß ihnen für den Fall der Ablehnung eines solchen Aufhebungsvertrages gekündigt werde. In diesem Fall sollten Sie es wirklich auf eine Kündigung ankommen lassen und sich dagegen im Klagewege wehren. Hätte der Arbeitgeber nämlich hinreichende Kündigungsgründe, würde er sich sicherlich nicht eines Aufhebungsvertrages bedienen, um Ihr Arbeitsverhältnis zu beenden. In der Regel bietet der Arbeitgeber nämlich gleichzeitig noch eine Abfindung an, um den Aufhebungsvertrag schmackhaft zu machen. Lassen Sie sich hiervon aber nicht zu sehr beeindrucken. Schließlich können die finanziellen Nachteile, die Sie nach Abschluß des Aufhebungsvertrages riskieren, weitaus größer als die angebotene Abfindung sein. Das Arbeitsamt geht nämlich beim Abschluß eines Aufhebungsvertrages grundsätzlich davon aus, daß Sie Ihre Arbeitslosigkeit selbst grob fahrlässig verursacht haben und wird Sie deshalb mit einer dreimonatigen Sperrfrist belegen. Das heißt, während dieser Zeit werden Sie kein Arbeitslosengeld bekommen. Eine eventuelle Abfindung wäre während dieser Durststrecke sicher schnell aufgebraucht.

Wenn Ihnen Ihr Arbeitgeber einen Aufhebungsvertrag anbietet, sollten Sie sich zunächst eingehend bei Ihrem Betriebsrat, Ihrer Gewerkschaft oder einem/einer AnwältIn beraten lassen. Bei der Berechnung einer Abfindung ist pro Jahr der Betriebszugehörigkeit ein halbes oder ein ganzes Monatsgehalt zugrunde zu legen.

Machen Sie schließlich den Abschluß des Aufhebungsvertrages davon abhängig, daß Ihr Chef Ihnen schriftlich bestätigt, daß das Arbeitsverhältnis ausschließlich aus betriebsbedingten Gründen auf diesem Wege aufgelöst wurde (z. B. Auftragsrückgang, Verkleinerung der Abteilung). Auf diese Weise können Sie beim Arbeitsamt die Verhängung einer Sperrfrist vermeiden. Außerdem sollten Sie den Aufhebungsvertrag erst unterzeichnen, nachdem Sie ein Ihren Leistungen entsprechendes Zeugnis ausgestellt bekommen haben.

37. Ein gutes Zeugnis ist wichtig!

Bei Beendigung des Arbeitsverhältnisses ist Ihr Arbeitgeber verpflichtet, Ihnen ein Zeugnis auszustellen. Es ist spätestens zum Ablauf der Kündigungsfrist bzw. bei Zugang der außerordentlichen Kündigung auszuhändigen oder zuzusenden. War Ihr Arbeitsverhältnis befristet, haben Sie bereits vier Wochen vor Beendigung des Arbeitsverhältnisses einen Anspruch auf Ihr Zeugnis.

Wollen Sie sich schon vor Ende der Kündigungsfrist bei einem neuen Arbeitgeber bewerben, können Sie von Ihrem alten Arbeitgeber ein Zwischenzeugnis verlangen. Dasselbe gilt, wenn Sie einen neuen Vorgesetzten bekommen.

Grundsätzlich ist der Arbeitgeber lediglich zur Erteilung eines einfachen Zeugnisses verpflichtet, das eine Beschreibung der von Ihnen in der Firma verrichteten Arbeit enthält. Für Ihre Bewerbung um eine neue Stelle dürfte allerdings ein sog. *qualifiziertes* Zeugnis unverzichtbar sein. Ein solches Zeugnis enthält neben der Beschreibung Ihrer Tätigkeit vor allem auch eine Beurteilung Ihrer Führung sowie Ihrer Leistung.

Der Arbeitgeber muß das Zeugnis wahrheitsgemäß, aber auch wohlwollend ausstellen; das heißt, daß nicht jede kleine Dienstverfehlung im Zeugnis aufzutauchen hat, vor allem wenn es sich um einen einmaligen Vorfall handelte. Statt dessen kommt es auf die charakteristischen Eigenschaften des/der ArbeitnehmerIn an sowie auf seine/ihre Leistungen während der gesamten Dauer der Beschäftigung. Dabei sollte sich der Arbeitgeber zwar auf das Wesentliche beschränken, doch darf das Zeugnis auf keinen Fall zu kurz ausfallen. Durchschnittlich sollte ein aussagekräftiges

Zeugnis ein bis zwei Schreibmaschinenseiten lang sein. Der Folgearbeitgeber soll darin wahrheitsgemäß über Ihre Leistungen sowie über Ihr Verhalten gegenüber KollegInnen und Vorgesetzten informiert werden. Auch das Thema Pünktlichkeit sollte angesprochen werden.

Durch das Zeugnis soll dem/der ArbeitnehmerIn der weitere Lebensweg nicht unnötig erschwert werden. Deshalb darf es auf keinen Fall Hinweise enthalten, durch die der/die ArbeitnehmerIn negativ abgestempelt wird. Dennoch gibt es eine bestimmte Zeugnissprache, die verschlüsselt eine Bewertung des/der ArbeitnehmerIn enthält. So bedeutet etwa die Klausel: »Sie hat sich bemüht, die ihr übertragenen Aufgaben zu unserer Zufriedenheit zu erfüllen«, daß die Leistungen des/der ArbeitnehmerIn ungenügend waren. Heißt es im Zeugnis dagegen: »Sie hat ihre Aufgaben zu unserer Zufriedenheit erfüllt«, dann handelte es sich um durchschnittliche, noch brauchbare Leistungen der Arbeitnehmerin. Hinter der Formulierung »zur vollen Zufriedenheit« verbirgt sich die Bewertung »gute Leistungen«, und die Klausel »zur vollsten Zufriedenheit« beinhaltet, daß die Arbeitnehmerin sehr gute Leistungen erbracht hat. Werden dagegen wesentliche Eigenschaften einer Berufsgruppe überhaupt nicht im Zeugnis erwähnt, bedeutet dieses eine Abqualifizierung des/der ArbeitnehmerIn, so z. B. wenn einem/einer Bankangestellten nicht die Ehrlichkeit bescheinigt wird. Im Buchhandel gibt es eine Reihe von Ratgebern, wie die Zeugnissprache entschlüsselt werden kann. Ebenso können Sie bei Ihrer Gewerkschaft entsprechende Informationsbroschüren erhalten. Als Faustregel gilt jedenfalls, daß ein Zeugnis, das die Leistung eines/einer ArbeitnehmerIn lediglich normal beschreibt, mit Sicherheit keine gute Bewertung darstellt. Ein wirklich gutes Zeugnis besteht nämlich in der Regel aus einer Aneinanderreihung von Übertreibungen. Es empfiehlt sich daher, daß Sie Ihr Zeugnis von jemandem auf Ihre tatsächliche Beurteilung überprüfen lassen. Auch hierbei kann Ihnen z. B. Ihre Gewerkschaft behilflich sein.

Haben Sie das Arbeitsverhältnis selbst gekündigt, sollte dies aus dem Zeugnis hervorgehen. Üblich ist in diesem Fall, daß der Arbeitgeber sein Bedauern über Ihr Ausscheiden aus dem Betrieb ausspricht und Ihnen für Ihren weiteren beruflichen und persönlichen Weg weiterhin viel Erfolg wünscht.

Das Zeugnis muß stets maschinenschriftlich und auf einem Firmenbriefkopf mit Ausstellungsdatum erteilt werden. Es ist entweder vom Arbeitgeber persönlich oder von einem hochrangigen Dienstvorgesetzten zu unterschreiben.

Entspricht das Zeugnis nicht Ihren Vorstellungen, sollten Sie zunächst Ihren Arbeitgeber darauf hin ansprechen und um eine Korrektur der von Ihnen beanstandeten Formulierungen bitten. Kommt Ihr Arbeitgeber Ihrem Wunsch nicht nach, können Sie innerhalb von sechs Wochen nach Zeugniserteilung vor dem Arbeitsgericht eine sog. Berichtigungsklage einreichen. Wenn Sie den Prozeß gewinnen, wird Ihr Arbeitgeber verurteilt, Ihnen ein neues, besseres Zeugnis auszustellen. Obwohl der Arbeitgeber in einem solchen Prozeß die Beweislast für seine negativen Beurteilungen trägt, sollten Sie sich trotzdem auf jeden Fall von einem/einer AnwältIn oder einem/einer RechtssekretärIn Ihrer Gewerkschaft vertreten lassen. Sofern Sie durch den wahrheitswidrigen Inhalt eines Zeugnisses geschädigt wurden, haben Sie außerdem einen Schadensersatzanspruch gegen den Arbeitgeber. Das kann z.B. der Fall sein, wenn Sie aufgrund der schlechten Beurteilung in Ihrem Zeugnis, die nicht Ihren tatsächlichen Leistungen entspricht, eine neue Arbeitsstelle nicht bekommen haben.

Sollte Ihr Arbeitgeber sich überhaupt weigern, Ihnen ein Zeugnis auszustellen, können Sie dieses ebenfalls bei Ihrem zuständigen Arbeitsgericht einklagen.

38. Aufgepaßt bei der Ausgleichsquittung!

Wenn Sie nach Beendigung Ihres Arbeitsverhältnisses Ihre Arbeits papiere abholen, wird Ihnen in der Regel eine sog. Ausgleichsquittung vom Arbeitgeber vorgelegt, die Sie ihm unterschreiben sollen. Meist sollen Sie ihm aber mit diesem Schriftstück nicht nur den Erhalt Ihrer Lohnsteuerkarte, Ihres Versicherungsnachweishefts und anderer Arbeitspapiere bestätigen, sondern gleichzeitig noch erklären, daß Sie keinerlei Ansprüche mehr gegen die Firma haben.

Die unüberlegte Abgabe einer solchen Erklärung kann sich für Sie allerdings nachteilig auswirken. Stellt sich später nämlich heraus, daß Sie doch noch Ansprüche gegen den Arbeitgeber haben, wäre es für Sie so gut wie aussichtslos, die einmal abgegebene Verzichtserklärung im Wege der Anfechtung aus der Welt zu schaffen. Grundsätzlich hat ein Arbeitgeber auch überhaupt keinen Rechtsanspruch auf eine so weitreichende Ausgleichsquittung. Sie sind lediglich verpflichtet, den Erhalt Ihrer Arbeitspapiere sowie Ihres eventuellen Restlohns zu bestätigen. Aus diesem Grund hat das Bundesarbeitsgericht auch entschieden, daß im Wege der Ausgleichsquittung auf keinen Fall Ansprüche aus einem Tarifvertrag oder einer Betriebsvereinbarung, nach dem Mutterschutzgesetz, aus der betrieblichen Altersversorgung oder auf Ihr Zeugnis ausgeschlossen werden können. Ebenso kann durch eine solche Verzichtserklärung weder Ihr gesetzlicher Urlaubs- noch Ihr Urlaubsabgeltungsanspruch aufgehoben werden. Außerdem bleibt Ihr Recht auf Erhebung einer Kündigungsschutzklage trotz Unterzeichnung einer Ausgleichsquittung weiter bestehen. Damit es bei der Geltendmachung etwaiger späterer Ansprüche gegen Ihren alten Arbeitgeber erst gar nicht zu einer Auseinandersetzung kommt, sollten Sie ihm ausschließlich den Erhalt Ihrer Arbeitspapiere (eventuell noch Ihres Restlohns) bestätigen und jede weitergehende Klausel über den Verzicht von weiteren Ansprüchen gegen die Firma einfach streichen.

39. Ich bin arbeitslos – was nun?

Wurde Ihr Arbeitsverhältnis gekündigt und haben Sie keine neue Stelle in Aussicht, sollten Sie möglichst frühzeitig, am besten bereits etwa zwei Wochen bevor Ihr Arbeitsvertrag ausläuft, zum Arbeitsamt gehen. Arbeitslosengeld bekommen Sie nämlich erst ab dem Tag, an dem Sie sich arbeitslos gemeldet haben. Voraussetzung für die Gewährung von Arbeitslosengeld ist, daß Sie während der vorangegangenen drei Jahre mindestens 360 Tage fest angestellt waren. Die Höhe Ihres Arbeitslosengeldes wird nach Ihrem letzten Stundenlohn und der Anzahl der laut Tarifvertrag geltenden Beschäftigungsdauer pro Woche berechnet. Durchschnittlich beträgt das Arbeitslosengeld dann etwa knapp zwei Drittel Ihres bisherigen Einkommens.

Haben Sie das Arbeitsverhältnis selbst gekündigt, verhängt das Arbeitsamt in der Regel eine zwölfwöchige Sperrfrist, bevor es Ihnen Arbeitslosengeld zahlt. Arbeitslosengeld wird Ihnen bis höchstens 32 Monate gewährt. Danach können Sie Arbeitslosenhilfe beantragen. Diese beträgt dann nur noch etwa 56 Prozent Ihres um die gesetzlichen Abzüge verminderten früheren Arbeitsentgelts. Arbeitslosenhilfe wird grundsätzlich nur für ein Jahr bewilligt. Danach bleibt dann meist nur noch der Gang zum Sozialamt.

Die frühzeitige Meldung Ihrer Arbeitslosigkeit ist auch für Ihre weitere Krankenversicherung wichtig. Während der Zeit Ihrer Arbeitslosigkeit bleiben Sie nämlich beitragsfrei in Ihrer bisherigen gesetzlichen Krankenkasse weiterversichert. Waren Sie privat versichert, können Sie automatisch Mitglied bei der AOK werden.

Zeiten der Arbeitslosigkeit werden auch bei Ihrer späteren Rentenberechnung berücksichtigt.

Haben Sie wenig Chancen, in Ihrem Beruf eine neue Stelle zu finden oder können Sie ihn aus gesundheitlichen Gründen nicht mehr ausüben, besteht die Möglichkeit, über das Arbeitsamt eine Umschulung oder Fortbildung zu machen. Sie erhalten dann ein sog. Unterhaltsgeld vom Arbeitsamt (lesen Sie hierzu Kapitel 5). Außerdem können Sie über das Arbeitsamt an einem kostenlosen Orientierungskurs oder an einem Bewerbungstraining teilnehmen.

Schließlich kann Ihnen das Arbeitsamt unter bestimmten Voraussetzungen eine ABM-Berechtigung erteilen. Eine solche bekommen Sie in Westdeutschland in der Regel, wenn Sie entweder über 50 Jahre alt, schwerbehindert oder lange Zeit arbeitslos gewesen sind. In Ostdeutschland genügt es bisher, wenn Sie Ihre Arbeitslosigkeit oder eine Null-Stunden-Kurzarbeit nachweisen. ABM-Stellen gibt es vor allem im Bereich der Sozialarbeit, in der Verwaltung oder auch im Umweltschutz. Da die finanziellen Mittel für ABM-Stellen in der letzten Zeit erheblich gekürzt wurden, dürfte die Stellensuche auch hier nicht einfach sein.

Verlassen Sie sich nicht lediglich auf die Vermittlung durch das Arbeitsamt, sondern gehen Sie auf jeden Fall auch selbst auf Job-Suche. Beherzigen Sie hierbei die im ersten Teil dieses Ratgebers beschriebenen Verhaltensstrategien. Bewerben Sie sich auch bei großen Firmen, die erfahrungsgemäß eine größere Arbeitnehmerfluktuation haben, ruhig »blind«, indem Sie kurz schriftlich Ihre Qualifikationen und bisherigen Tätigkeiten schildern und freundlich anfragen, ob für Sie im Betrieb eine geeignete Stelle – vielleicht auch erst in absehbarer Zeit – frei wäre.

Während Ihrer Arbeitslosigkeit sollten Sie sich möglichst an eine Ihrer örtlichen Arbeitslosen-Initiativen oder auch an Ihre zuständige Frauen- und Gleichstellungsbeauftragte wenden (Adressen im Anhang). Dort können Sie weitere Informationen und Ratschläge erhalten. Außerdem können Sie sich kostenlos bei der Arbeitslosen-Telefonhilfe (0 40/1 11 03) beraten lassen. Da Sie auf Ihren Anruf hin zurückgerufen werden, brauchen Sie hierfür lediglich eine Gebühreneinheit auszugeben.

40. Jetzt mache ich mich selbständig!

Sollten Sie keine oder keine geeignete neue Stelle finden, können Sie sich als Alternative zur Arbeitslosigkeit auch die Möglichkeit einer selbständigen Tätigkeit überlegen. Trotz der angespannten Wirtschaftslage in der Bundesrepublik (allein 1992 gingen ca. 15000 Betriebe in Konkurs), steigt die Zahl der Frauen, die sich selbständig machen. Während noch 1975 nur etwa jedes zehnte Unternehmen von einer Frau gegründet wurde, ist es heute bereits jedes dritte, Tendenz steigend. Dabei sind selbständige Frauen vor allem im Dienstleistungsbereich, im Handel, im produzierenden Gewerbe sowie in der Landwirtschaft tätig.

Vor dem Schritt in die Selbständigkeit sollten Sie sich allerdings zuerst darüber klarwerden, ob Sie genug Kraft und Durchhaltevermögen aufbringen können, um sich gerade in den ersten Jahren der Selbständigkeit »durchzubeißen«, bis Ihre Firma sich finanziell trägt.

Wenn Sie also meinen, daß Sie ein Unternehmerin-Typ sind, sollten Sie bei Ihrer Planung strategisch folgendermaßen vorgehen:

* Lassen Sie sich bezüglich Ihres Vorhabens zunächst einmal kompetent beraten. Hierfür kommt vor allem die Existenzgründungsberatung Ihrer örtlichen Industrie- und Handelskammer in Frage. Natürlich können Sie sich auch einem/einer seriösen freien UnternehmensberaterIn anvertrauen oder sich an die im Anhang aufgeführten Verbände und Netzwerke für Unternehmerinnen wenden.

- Selbstverständlich brauchen Sie eine gute Idee und – möglichst – eine Marktlücke für das, was Sie Ihren Kunden anbieten wollen. Überlegen Sie, welches der günstigste Standort für Ihre Firma wäre und welche Konkurrenz Sie eventuell haben.
- Informieren Sie sich über Marketing-Strategien, und finden Sie Ihr »einmaliges Verkaufs-Argument«. Überlegen Sie, wie Sie die Leute veranlassen können, ausgerechnet bei Ihnen Kunde zu werden.
- Prüfen Sie auch sehr genau die Möglichkeit, einen bereits bestehenden Betrieb zu übernehmen oder sich dort einzukaufen.
- Kalkulieren Sie realistisch, wieviel Kapital für die Gründung und die Startphase Ihrer Firma erforderlich sein wird. Am besten suchen Sie sich eine/n SteuerberaterIn, und holen Sie bei mehreren Banken Angebote für eine Finanzierung Ihres Vorhabens ein. Es gibt inzwischen eine Reihe von Förderungsprogrammen des Bundes, der Bundesländer sowie der Europäischen Gemeinschaft. Näheres hierüber erfahren Sie in Kapitel 41.

Bedenken Sie, daß Frauen auf ihrem Weg in die Selbständigkeit in der Regel mit besonderen Problemen zu kämpfen haben. Vor allem Banken haben als Kreditgeber bei einer Existenzgründung von angehenden Unternehmerinnen leider immer noch erhebliche Vorbehalte.

Erfahrungsgemäß werden Frauen bei der Bewertung ihrer Geschäftsidee kritischer beurteilt als männliche Gründer. Treten Sie daher möglichst selbstbewußt bei den Banken auf, und bereiten Sie die Beschreibung Ihres Projekts bis ins kleinste Detail gut vor. Auf diese Weise können Sie Ihre Kompetenz unter Beweis stellen und wirken überzeugend.

Vor allem in der Anfangsphase Ihres Unternehmens kann es auch zu Akzeptanzproblemen mit den Auftraggebern, Kunden sowie mit den eigenen MitarbeiterInnen kommen. Auch hier ist vor allem ein gesundes Selbstvertrauen notwendig. Außerdem bieten die im Anhang genannten Frauenverbände und Netzwerke besondere Weiterbildungsseminare, Verhaltenstraining und Rhetorikkurse an, die Ihnen helfen können, eine starke Unternehmerin-Persönlichkeit zu werden.

41. Hilfen für Existenzgründerinnen

Neben einer zündenden Geschäftsidee und der nötigen Power ist
für eine erfolgreiche Existenzgründung die Förderung und Beratung in finanziellen und organisatorischen Fragen unverzichtbar.
Das Bundesministerium für Wirtschaft hat eine Reihe von Broschüren herausgegeben, in denen speziell auch Frauen wertvolle
Tips zur Existenzgründung gegeben werden. Sie können diese
Broschüren beim Bundesministerium für Wirtschaft, Referat Öffentlichkeitsarbeit, Villemombler Str. 76, 53123 Bonn, anfordern.
Lesenswert sind vor allem die Broschüren »Starthilfe«, »Frauen
unternehmen was« (Tips zur Existenzgründung) und »Wirtschaftliche Förderung«. Sämtliche Broschüren sind kostenlos und enthalten umfangreiche Adressenlisten von weiteren Stellen, die Ihnen weiterhelfen können. Außerdem sind im Anhang dieses Ratgebers zahlreiche Adressen von Verbänden und Netzwerken
speziell für Frauen genannt, die Existenzgründerinnen Rat und
Hilfe bieten.

Auskünfte erteilen auch die Wirtschaftsministerien der Länder,
deren Adressen ebenfalls im Anhang abgedruckt sind.

Anhang

I. Frauenberufsverbände

Deutscher Frauenrat
Bundesvereinigung deutscher Frauenverbände und Frauengruppen gemisch-
ter Verbände e.V.
Simrockstr. 5
53113 Bonn
Tel. 02 28 / 22 30 08

B.F.M.
Berufsverband der Frau im Mittelstand,
im freien Beruf und im Management
Ehrwalder Str. 85
81377 München
Tel. 0 89 / 71 16 58

Deutscher Akademikerinnenbund e.V.
Weiltinger Str. 8
90449 Nürnberg
Tel. 09 11 / 67 31 28

Deutscher Frauenrat
(Bundesvereinigung deutscher Frauen-
verbände und Frauengruppen)
Südstr. 125
53175 Bonn
Tel. 02 88 / 22 30 08

Deutscher Verband berufstätiger
Frauen
(DVBF)
Schornstr. 8
81669 München
Tel. 0 89 / 4 48 57 46

Baufachfrau e.V.
Adlerstr. 81
44137 Dortmund
Tel. 02 31 / 14 33 38

Bund deutscher Sekretärinnen e.V.
Zentnerstr. 44
80796 München
Tel. 0 89 / 2 71 68 73

Deutscher Ingenieurinnen Bund (dib)
Postfach 11 03 05
64283 Darmstadt

Deutscher Journalistinnenbund e.V.
c/o Anwaltskanzlei Rosenbleck &
Weisbart
Grüneburgweg 3
60322 Frankfurt/Main
Tel. 0 69 / 59 09 31

Deutscher Juristinnenbund e.V.
Sträßchensweg 28
53113 Bonn
Tel. 02 28 / 23 86 13

Medienfrauen
Westdeutscher Rundfunk
Dr. Inge von Bönninghausen
Appellhofplatz 1
50667 Köln
Tel. 02 21 / 2 20 39 25

Vereinigung von Unternehmerinnen
e.V.
Postfach 5 11 00 30
50946 Köln
Tel. 02 21 / 37 50 74

Bundesverband der Frau im Freien Beruf und Management B.F.B.M. e.V.
Im Forst 10
51105 Köln
Tel. 02 21 / 9 83 77 98

II. Netzwerke für Frauen

Goldrausch Frauennetzwerk
Berlin e.V.
Potsdamer Str. 139
10783 Berlin 30
Tel. 0 30 / 2 15 75 54

FIM
Frauen im Management
Golfstr. 7
21465 Wentorf
Tel. 0 40 / 7 20 10 99

komma
Verein für
Frauen-Kommunikation e.V.
Luisenstr. 7
40215 Düsseldorf
Tel. 02 11 / 38 38 61

Karriere Hotline
Telefon-Netzwerk für Frauen
Reinhardswaldstr. 6
33332 Gütersloh
Tel. 0 52 41 / 4 61 88

Step
Gesellschaft für Kommunikationsent-
wicklung und Chancengleichheit in
Unternehmen
Sachsenring 29 – 31
50677 Köln
Tel. 02 21 / 31 10 27

Bonner Forum e.V.
(Für Frauen in Führungspositionen)
Oberaustr. 107
53179 Bonn
Tel. 02 28 / 34 75 44

fif – Frauen in Führung e.V.
c/o AWW
Hagenstr. 48
14193 Berlin
Tel. 0 30 / 8 26 20 86

Münchner Wirtschaftsforum
Schornstr. 8
81669 München
Tel. 0 89 / 4 48 57 46

Arbeitsgemeinschaft
Kommunikation
Annostr. 27–33
50678 Köln
Tel. 02 21 / 32 52 61

ergo e.V.
information training karriereplanung
für frauen
Bornemannstr. 10
60599 Frankfurt/Main
Tel. 0 69 / 62 96 69

European Women's Management
Development Network
EWMD Deutschland e.V.
c/o Firma Konzept
Feuerbacher Weg 2
70192 Stuttgart
Tel. 07 11 / 25 10 61

FAU – Frauen als Unternehmerinnen
e.V.
Am Weinberge 10 E
90571 Schwaig
Tel. 09 11 / 5 07 57 34

Koryphäe e.V.
Cloppenburger Str. 35
26135 Oldenburg
Tel. 04 41 / 1 61 19

Verein Management
Symposium für Frauen
Postfach 884
CH 8025 Zürich

Frankfurter Forum
Hainer Weg 50
60599 Frankfurt/Main
Tel. 0 69 / 61 80 60

Die Spinnen e.V.
Beratungs- und Bildungszentrum für
Frauen zur Erwerbssituation
Bäuminghausstr. 46
45326 Essen
Tel. 02 01 / 31 10 71

PÖMPS e.V.
Postfach 55
Lindenstr. 349
14467 Potsdam
Tel. 01 61 / 1 41 08 21

III. Beratungsstellen für »Wiedereinsteigerinnen«

Baden-Württemberg
Beratungsstelle für die berufliche Wie-
dereingliederung von Frauen, Stadt
Ludwigsburg
Wilhelmstr. 14
71638 Ludwigsburg
Tel. 0 71 41 / 92 07 81

Weiterbildungsberatungsstelle für
Frauen, Berufliche Förderung von
Frauen e.V.
Schloßstr. 96
70176 Stuttgart
Tel. 07 11 / 62 28 78

Bayern
Frauenberatungsstelle Zweckverband
der Volkshochschule im Landkreis
Regen e.V.
Amtsgerichtsstraße 6 – 8
94209 Regen
Tel. 0 99 21 / 40 84-6

Beratungsstelle für Berufsrück-
kehrerinnen
Stadt Regensburg
Haidplatz 8
93047 Regensburg
Tel. 09 41 / 5 07 24 32

Beratungsstelle für Frauen –
Zurück in den Beruf
Industrie- und Handelskammer
Würzburg-Schweinfurt
Mainaustr. 35
97082 Würzburg
Tel. 09 31 / 41 94-2 62 und 3 03

Berlin
KOBRA
Koordinierungs- und Beratungszen-
trum für die Weiterbildung von Frauen
Berliner Frauenbund e.V.
Knesebeckstraße 33 – 34
10623 Berlin
Tel. 0 30 / 8 82 57 83 / 8 82 57 94

Raupe und Schmetterling
Frauen in der Lebensmitte e.V.
Pariser Straße 3
10719 Berlin
Tel. 0 30 / 8 83 69 29

Brandenburg
Beratungsstelle für Frauen beim Land-
frauenverein des Bauernverbandes
Brandenburg
Dr. Wilhelm-Külz-Str. 37 – 39
15517 Fürstenwalde
Tel. 0 33 61 / 27 65 (vorläufig)

Bremen
Zurück in den Beruf, Kontakt- und
Beratungsstelle für Frauen, Arbeits-
förderungszentr. GmbH
Am Wall 165 – 167
28195 Bremen
Tel. 04 21 / 32 19 10

Hamburg
E.F.A. (Erwerbslose Frauen
Altona e.V.)
Erzberger Str. 1 – 3
22765 Hamburg
Tel. 0 40 / 3 90 29 24

Hessen
Neue Wege – Neue Pläne
Beratung und Information zum berufli-
chen Wiedereinstieg
Verein zur beruflichen Förderung von
Frauen e.V.
Varrentrappstr. 47
60486 Frankfurt/Main
Tel. 0 69 / 70 20 99

ZAUG
(Zentrum Arbeit und Umwelt-Gieße-
ner gemeinnützige Berufsbildungsge-
sellschaft mbH), Abteilung Frauenförderung
Wilhelmstraße 15
35392 Gießen
Tel. 06 41 / 7 49 52 und 7 49 72

Mecklenburg-Vorpommern
Beratungsstelle für Frauen beim Land-
ratsamt Teterow
Rostocker Straße
17166 Teterow
Tel. 0 39 96 / 8 32 92

Niedersachsen
Weiterbildungsberatung für Frauen,
Volkshochschule Braunschweig e.V.
Leopoldstr. 6
38100 Braunschweig
Tel. 05 31 / 4 96 17

Weiterbildungsberatung für Frauen,
Katholische Familienbildungs-
stätte e.V.
Bierstraße 17 – 18
49074 Osnabrück
Tel. 05 41 / 2 70 26

Nordrhein-Westfalen
Beratungsstelle »Frau und Beruf«
ESTA - Bildungswerk e.V.
Tannenbergstr. 23
32547 Bad Oeynhausen
Tel. 05 73 31 / 2 12 23

Rheinland-Pfalz
Frauenberatungsstelle
Zurück in den Beruf
Friedrich-Ebert-Str. 16
76829 Landau
Tel. 0 63 41 / 40 51

Saarland
Beratungsstelle für Berufsrück-
kehrerinnen
Gemeinnützige Gesellschaft für be-
rufl. Frauenförderung mbH i. G.
Kaiserstr. 8
66111 Saarbrücken
Tel. 06 81 / 9 36 33-21, 22 und 13

Sachsen
Beratungsstelle für Frauen
»Hilfe zur Selbsthilfe e.V.«
Naumannstr. 8
01309 Dresden
Tel. 03 51 / 3 52 75

Sachsen-Anhalt
Beratungsstelle für Frauen
Sozial- und Arbeitsgesellschaft
Dessau e.V. (SAG)
Wasserwerkstr. 9
06842 Dessau
Tel. 03 40 / 82 11 15 (App. 67)

Schleswig-Holstein
Frauen werden mobil
Weiterbildungsberatung von Frauen
für Frauen
Berufsfortbildungswerk des DGB
Schleswiger Chaussee 35
25813 Husum
Tel. 0 48 41 / 70 60

Thüringen
Beratungsstelle für Frauen
HEUREKA
Karl-Marx-Str. 4
06571 Roßleben
Tel. 03 46 72 / 56 08

IV. Frauenbüros und Gleichstellungsstellen

Bezirksamt Pankow v. Berlin
– Gleichstellungsbeauftragte –
Frau Heike Gerstenberger
Breite Str. 24 a – 26
13161 Berlin
Tel. 0 30 / 4 82 58 86
Tel. 0 30 / 4 80 08 01 (App. 305)

Stadt Flensburg
– Gleichstellungsstelle –
Frau Gisela Scheer
Am Pferdewasser
24917 Flensburg
Tel. 04 61 / 85 26 77

Frauenbüro der Stadt Hanau
– Gleichstellungsstelle –
Frau Rosemarie Lück
Postfach 18 52
63408 Hanau
Tel. 0 61 81 / 29 54 67

Stadtdirektor der Stadt Hattingen
– Frauenbüro –
Frau Ingrid Wawrzyniak
Rathausplatz 1
45525 Hattingen
Tel. 0 23 24 / 2 04 22 87

Oberstadtdirektor der Stadt Bochum
– Gleichstellungsstelle –
Frau Heide Ott
Postfach 22 69
44722 Bochum
Tel. 02 34 / 9 10 20 09

Stadt Gladbeck
– Gleichstellungsstelle –
Frau Gisela Richter
Postfach 6 29
45956 Gladbeck
Tel. 0 20 43 / 27 56 99

Landkreis Hannover
Referat für Frauenfragen
Frau Mechthild Schramme-Haack
Hildesheimer Str. 20
30169 Hannover
Tel. 05 11 / 9 89 23 28

Frauenbüro der Stadt Kassel
Frau Sabine Chelmis
Rathaus
Obere Königstr. 8
34117 Kassel
Tel. 05 61 / 7 87-80 19 / 28

Stadt Lünen
– Gleichstellungsstelle –
Frau Renate Wurms
Postfach 20 30
44510 Lünen
Tel. 0 23 06 / 10 43 50

Frauenbeauftragte der Stadt
Mannheim
Frau Ilse Thomas
Rathaus
E 5
68159 Mannheim
Tel. 06 21 / 2 93-31 38

Magistrat der Stadt Magdeburg
Amt für Gleichstellungsfragen
Frau Editha Beier
Bei der Hauptwache 4 – 6
39104 Magdeburg
Tel. 03 91 / 5 56 80

Stadtdirektor der Stadt Minden
– Gleichstellungsbeauftragte –
Frau Gisela Schlüter-Preuß
Kleiner Domhof 17
32423 Minden

V. Für Frauenfragen
zuständige Stellen der Länder

Senatsverwaltung für Arbeit und Frau-
en des Landes Berlin
Frau Senatorin
Dr. Christine Bergmann
Klosterstr. 47
10179 Berlin
Tel. 0 30 / 26 54-0

Staatskanzlei der Sächsischen Landes-
regierung
Staatssekretariat für die Gleichstel-
lung von Frau und Mann
Frau Parlamentarische Staatssekretärin
Friederike de Haas
Archivstr. 1
01095 Dresden
Tel. 03 51 / 5 64 10 50

Staatskanzlei des Landes Thüringen
Leitstelle für Frauenfragen
– Landesfrauenbeauftragte –
Frau Dr. Birgit Bauer
Johann-Sebastian-Bach-Str. 1
99096 Erfurt
Tel. 03 61 / 57 92 07

Bremische Zentralstelle für die Ver-
wirklichung der Gleichberechtigung
der Frau
Frau Ursula Kerstein
Knochenhauer Str. 20 – 25
28195 Bremen
Tel. 04 21 / 3 61-31 33

Ministerium für die Gleichstellung
von Frau und Mann
Frau Ministerin
Ilse Ridder-Melchers
Breite Straße 27
40213 Düsseldorf
Tel. 02 11 / 8 37-05

Senat der Freien und Hansestadt
Hamburg
Senatskanzlei
Senatsamt für die Gleichstellung
Frau Senatorin
Traute Müller
Alter Steinweg 4
20459 Hamburg
Tel. 0 40 / 35 04 – 33 20

Niedersächsisches Frauenministerium
Frau Ministerin
Waltraud Schoppe
Hamburger Allee 26 – 30
30161 Hannover
Tel. 05 11 / 1 20-1

Staatskanzlei des Landes Sachsen-
Anhalt
Leitstelle für Frauen- und Gleichbe-
rechtigungsfragen
Frau Staatssekretärin
Carmen Stange
Am Domplatz 1 a
39104 Magdeburg
Tel. 03 91 / 3 82-0

Bayerisches Staatsministerium für Ar-
beit und Sozialordnung, Familie,
Frauen und Gesundheit
Frau Staatssekretärin
Barbara Stamm
Postfach 43 01 32
80797 München
Tel. 0 89 / 12 61-01

Ministerium für Frauen, Arbeit,
Gesundheit und Soziales
Frau Ministerin
Christiane Krajewski
Franz-Josef-Röder-Str. 23
66119 Saarbrücken
Tel. 06 81 / 5 01-1

Ministerium für Frauen, Bildung, Wei-
terbildung und Sport des Landes
Schleswig-Holstein
Frau Ministerin
Gisela Böhrk
Beselerallee 41
24105 Kiel
Tel. 04 31 / 5 96 25 80

Ministerium für die Gleichstellung
von Frau und Mann des Landes
Rheinland-Pfalz
Frau Ministerin
Jeanette Rott
Postfach 33 08
Bauhofstr. 4
55116 Mainz
Tel. 0 61 31 / 16-1

Ministerium für Arbeit, Soziales,
Gesundheit und Frauen des Landes
Brandenburg
Frau Ministerin
Dr. Regine Hildebrandt
Heinrich-Mann-Allee 107
14473 Potsdam
Tel. 03 31 / 36-8 00

Ministerium für Arbeit, Gesundheit
und Soziales des Landes Mecklen-
burg-Vorpommern
Abteilung Frauenpolitik
Frau Dr. Gabriele Kriese
Postfach 5 44
Werderstr. 124
19048 Schwerin
Tel. 03 85 / 58 80

Ministerium für Familie, Frauen,
Weiterbildung und Kunst des Landes
Baden-Württemberg
Frau Ministerin
Brigitte Unger-Soyka
Rotebühlplatz 30
Postfach 10 34 43
70178 Stuttgart
Tel. 07 11 / 66 73-0

Hessisches Ministerium für Frauen,
Arbeit und Sozialordnung
Frau Ministerin
Ilse Stiewitt
Gustav-Freytag-Str. 1
65189 Wiesbaden
Tel. 06 11 / 8 17-0

VI. Hilfe für Mobbing - Opfer

Mobbing-Telefon der AOK Hamburg
Tel. 0 40 / 20 23-02 09

DAG Hamburg
Holstenwall 5
20355 Hamburg
Tel. 0 40 / 3 49 15-5 10

KDA Hamburg
Udo Möckel
Wartenau 9
22089 Hamburg
Tel. 0 40 / 25 11 15

KDA Stade
Wulf Gräntzdörffer
Dankersstr. 24
21860 Stade
Tel. 0 41 41 / 6 30 68

IAP Institut für Arbeitspsychologie
und Arbeitspädagogik
Dr. Martin Resch
Freschenhausener Weg 35
21220 Seevetal
Tel. 0 41 05 / 8 51 50

Arbeitskreis gegen Mobbing
Initiative zur Bewältigung von Konflikten am Arbeitsplatz (e.V.)
c/o Barbara Lieber-Degner
Im Junkerstück 47
56076 Koblenz
Tel. 02 61 / 7 64 57

Selbsthilfegruppe No Mobbing
Hans-Jörg Rättig
Tel. 0 40 / 2 99 69 89

Selbsthilfegruppe Psychoterror
Kiss Altona
Gaußstr. 21
22765 Hamburg
Tel. 0 40 / 39 57 67

VII. Adressen für Auslandsaufenthalte

Deutscher Akademischer Aus-
tauschdienst (DAAD)
Kennedyallee 50
53175 Bonn
Tel. 02 28 / 8 82–0

Zentralstelle für Arbeitsvermittlung
(ZAV)
Abteilung Ausland
Feuerbachstr. 42 – 46
60079 Frankfurt/Main
Befristete Jobs für AbiturientInnen
(erst nach Schulabschluß!) und StudentInnen. Broschüre »Jobben im Ausland« kostenlos.

Carl-Duisberg-Gesellschaft e.V.
(CDG)
Hohenstaufenring 30 – 32
50674 Köln
Tel. 02 21 / 20 98-0
Auslandspraktika für junge Berufs-
tätige.

EuroPractica International
Betriebspraktika und Weiterbildung in
Europa für 18- bis 27jährige mit abge-
schlossener Berufsausbildung (EG-
Austauschprogramm »Petra 2«)
Maxstr. 11
45127 Essen
Tel. 02 01 / 8 20 52 66

AFS-Interkulturelle Begegnungen
Arbeits- und Studienaufenthalte in
EG-Ländern und den USA für 18- bis
27jährige.
Friedensallee 48
22765 Hamburg
Tel. 0 40 / 3 90 98 00
Fax: 3 90 93 19

Deutscher Entwicklungsdienst (DED)
Kladower Damm 299
14061 Berlin
Tel. 0 30 / 3 65 09-0
Projekte in rund 40 Ländern

VIII. Gewerkschaften

Deutscher Gewerkschaftsbund
Hans-Böckler-Str. 39
40476 Düsseldorf
Tel.: 02 11 / 4 30 10

Deutsche Angestellten-Gewerkschaft
Karl-Muck-Platz 1
20355 Hamburg
Tel.: 0 40 / 34 91 51

Gewerkschaft
Handel, Banken und Versicherungen
Tersteegenstr. 30
40474 Düsseldorf
Tel.: 02 11 / 4 58 20

Gewerkschaft Holz und Kunststoff
Sonnenstr. 14
40227 Düsseldorf
Tel.: 02 11 / 7 70 30

Gewerkschaft Leder
Willi-Bleicher-Str. 20
70174 Stuttgart
Tel.: 07 11 / 29 55 555/56

IG Medien
Friedrichstr. 15
70174 Stuttgart
Tel.: 07 11 / 2 01 80

IG Metall
Wilhelm-Leuschner-Str. 79 – 85
60329 Frankfurt/Main
Tel.: 0 69 / 2 64 78 43

Gewerkschaft
Nahrung-Genuß-Gaststätten
Haubachstr. 76
22765 Hamburg
Tel.: 0 40 / 38 01 30

Gewerkschaft Öffentliche Dienste,
Transport und Verkehr
Theodor-Heuss-Str. 2
70174 Stuttgart
Tel.: 07 11 / 2 09 70

Gewerkschaft der Polizei
Forststr. 3 a
40721 Hilden
Tel.: 02 11 / 7 10 40

Deutsche Postgewerkschaft
Rhonestr. 2
60528 Frankfurt/Main
Tel.: 0 69 / 6 69 51

Gewerkschaft Textil-Bekleidung
Roßstr. 94
40476 Düsseldorf
Tel.: 02 11 / 4 30 90

IG Bau-Steine-Erden
Bockenheimer Landstr. 73 – 77
60325 Frankfurt/Main
Tel.: 0 69 / 7 43 70

IG Bergbau und Energie
Alte Hattinger Str. 19
44789 Bochum
Tel.: 02 34 / 31 90

IG Chemie-Papier-Keramik
Königsworther Platz 6
30167 Hannover
Tel.: 05 11 / 7 63 10

Gewerkschaft
der Eisenbahner Deutschlands
Beethovenstr. 12 – 16
60325 Frankfurt/Main
Tel.: 0 69 / 7 53 60

Gewerkschaft
Erziehung und Wissenschaft
Reifenberger Str. 21
60489 Frankfurt/Main
Tel.: 0 69 / 78 97 30

Gewerkschaft
Gartenbau, Land- und Forstwirtschaft
Druseltalstr. 51
34131 Kassel
Tel.: 05 61 / 3 40 68 / 69

IX. Landesarbeits- und Sozialministerien

Baden-Württemberg
Ministerium für Arbeit,
Gesundheit, Familie und
Sozialordnung
Rotebühlplatz 30
70173 Stuttgart
Tel. 07 11 / 6 67 30

Bayern
Staatsministerium
für Arbeit und Sozialordnung
Winzerer Straße 9
80797 München
Tel. 0 89 / 12 61-01

Berlin
Senator für Frauen, Jugend
und Familie
Am Karlsbad 8 – 10
10785 Berlin
Tel. 0 30 / 26 04-25 61

Brandenburg
Ministerium für Arbeit, Soziales,
Gesundheit und Frauen
Heinrich-Mann-Allee 103
14473 Potsdam
Tel. 03 31 / 3 69 00

Bremen
Senator für Arbeit
Contrescarpe 73
28195 Bremen
Tel. 04 21 / 36 10

Hamburg
Behörde für Arbeit,
Gesundheit und Soziales
Hamburger Straße 47
22083 Hamburg
Tel. 0 40 / 29 1 88 30 01 / 2

Hessen
Hessisches Ministerium
für Frauen, Arbeit und Sozialordnung
Gustav-Freytag-Straße 1
65189 Wiesbaden
Tel. 06 11 / 3 20

Mecklenburg-Vorpommern
Ministerium für
Arbeit, Soziales und
Gesundheit
Werderstraße 124
19055 Schwerin
Tel. 03 85 / 57 72 01

Niedersachsen
Niedersächsischer Sozialminister
Hinrich-Wilhelm-Kopf-Platz 2
Postfach 141
30159 Hannover
Tel. 05 11 / 12 01

Nordrhein-Westfalen
Ministerium für Arbeit,
Gesundheit und Soziales
Horionplatz 1
40213 Düsseldorf
Tel. 02 11 / 8 37 36 03

Rheinland-Pfalz
Ministerium für Arbeit,
Soziales, Familie und Gesundheit
Bauhofstraße 9
55116 Mainz
Tel. 0 61 31 / 1 61

Saarland
Ministerium für Frauen,
Arbeit, Gesundheit und
Soziales
Hardenbergstraße 8
66119 Saarbrücken
Tel. 06 81 / 50 11

Sachsen
Ministerium für Wirtschaft
und Arbeit
Budapester Straße 5
01069 Dresden
Tel. 03 51 / 5 98 22 22

Ministerium für Soziales, Gesundheit
und Familie
Carolaplatz 1
01097 Dresden
Tel. 03 51 / 5 94 09 34

Sachsen-Anhalt
Ministerium für Arbeit und
Soziales
Wilhelm-Höpfner-Ring 4
39116 Magdeburg
Tel. 03 91 / 6 61 36 00

Schleswig-Holstein
Ministerium für
Soziales, Gesundheit und
Energie
Brunswiker Straße 16 – 22
24105 Kiel
Tel. 04 31 / 5 96-1

Thüringen
Ministerium für Soziales und
Gesundheit
Werner-Seelenbinder-Straße 14
99096 Erfurt
Tel. 03 61 / 34 07

X. Wirtschaftsministerien der Länder

Ministerium für Wirtschaft, Mittel-
stand und Technologie Baden-
Württemberg
Theodor-Heuss-Straße 1
70174 Stuttgart
Tel.: 07 11 / 1 23 24 26

Bayerisches Staatsministerium
für Wirtschaft und Verkehr
Prinzregentenstraße 28
80538 München
Tel.: 0 89 / 21 62 22 94

Senatsverwaltung für Wirtschaft und
Technologie
Martin-Luther-Straße 105
10825 Berlin
Tel.: 0 30 / 7 83-1

Ministerium für Wirtschaft,
Mittelstand und Technologie des
Landes Brandenburg
Heinrich-Mann-Allee 107
14473 Potsdam
Tel.: 03 3 1/ 8 66-0

Senator für Wirtschaft, Mittelstand
und Technologie
Zweite Schlachtpforte 3
28195 Bremen
Tel.: 04 21 / 36 10

Behörde für Wirtschaft, Verkehr
und Landwirtschaft
Alter Steinweg 4
20459 Hamburg
Tel.: 0 40 / 3 50 40

Hessisches Ministerium für Wirtschaft
und Technik
Kaiser-Friedrich-Ring 75
(Landeshaus)
65185 Wiesbaden
Tel.: 06 11 / 8 15 20 20

Wirtschaftsministerium des
Landes Mecklenburg-Vorpommern
Johann-Stelling-Straße 14
19053 Schwerin
Tel.: 03 85 / 5 88-0

Niedersächsisches Ministerium für
Wirtschaft,
Technologie und Verkehr
Friedrichswall 1
30159 Hannover
Tel.: 05 11 / 1 20-1

Ministerium für Wirtschaft, Mittel-
stand und Technologie des Landes
Nordrhein-Westfalen
Haroldstraße 4
40213 Düsseldorf
Tel.: 02 11 / 8 37 26 28

Ministerium für Wirtschaft und
Verkehr des Landes Rheinland-Pfalz
Bauhofstraße 4
55116 Mainz
Tel.: 0 61 31 / 16 22 74

Minister für Wirtschaft
Hardenbergstraße 8
66119 Saarbrücken
Tel.: 06 81 / 5 01 42 51

Sächsisches Staatsministerium
für Wirtschaft und Arbeit
Budapester Straße 5
01069 Dresden
Tel.: 03 51 / 4 97 85

Ministerium für Wirtschaft,
Technologie und Verkehr des
Landes Sachsen-Anhalt
Wilhelm-Höpfner-Ring 4
39116 Magdeburg
Tel.: 03 91 / 5 67 01

Ministerium für Wirtschaft, Technik
und Verkehr
des Landes Schleswig-Holstein
Düsternbrooker Weg 94 – 100
24105 Kiel
Tel.: 04 31 / 59 61

Thüringer Ministerium für
Wirtschaft und Verkehr
Johann-Sebastian-Bach-Straße 1
99096 Erfurt
Tel.: 03 61 / 6 63-0

XI. Einkommenstabelle für Prozeßkostenhilfe

Nettoeinkommen auf Deutsche Mark abgerundet monatlich bei Unterhaltsleistungen auf Grund gesetzlicher Unterhaltspflicht für						maximal 48 Monatsraten zu je:
0	1	2 Personen*	3	4	5	Deutsche Mark
bis 850	1300	1575	1850	2125	2400	0
900	1350	1625	1900	2175	2450	40
1000	1450	1725	2000	2275	2550	60
1100	1550	1825	2100	2375	2650	90
1200	1650	1925	2200	2475	2750	120
1300	1750	2025	2300	2575	2850	150
1400	1850	2125	2400	2675	2950	180
1500	1950	2225	2500	2775	3050	210
1600	2050	2325	2600	2875	3150	240
1800	2250	2525	2800	3075	3350	300
2000	2450	2725	3000	3275	3550	370
2200	2650	2925	3200	3475	3750	440
2400	2850	3125	3400	3675	3950	520

* Bei Unterhaltsleistungen für mehr als 5 Personen erhöhen sich die in dieser Spalte angeführten Beträge um 275 Deutsche Mark für jede weitere Person

Abkürzungsverzeichnis

Abs.	Absatz
AFG	Arbeitsförderungsgesetz
ArbGG	Arbeitsgerichtsgesetz
Az.	Aktenzeichen
BetrVG	Betriebsverfassungsgesetz
bzw.	beziehungsweise
BAG	Bundesarbeitsgericht
BAföG	Bundesausbildungsförderungsgesetz
BPersVG	Bundespersonalvertretungsgesetz
BUrlG	Bundesurlaubsgesetz
BGB	Bürgerliches Gesetzbuch
EU	Europäische Union
ggf.	gegebenenfalls
GewO	Gewerbeordnung
GG	Grundgesetz
JArbSchG	Jugendarbeitsschutzgesetz
KSchG	Kündigungsschutzgesetz
MSchG	Mutterschutzgesetz
sog.	sogenannt
StGB	Strafgesetzbuch
u. ä.	und ähnliches
vgl.	vergleiche
z. B.	zum Beispiel

GOLDMANN

Bescheid wissen – Recht bekommen

Der große Rechtsberater   13633

BGB   13632

Die neue Rente   13605

Das große Euro-Handbuch   13641

Goldmann · Der Taschenbuch-Verlag